酒店财务部

精细化管理从入门到精通

杨 凤——编著

中国铁道出版社有限公司
CHINA RAILWAY PUBLISHING HOUSE CO., LTD.

图书在版编目（CIP）数据

酒店财务部精细化管理从入门到精通 / 杨凤编著. 北京 : 中国铁道出版社有限公司，2025. 11. -- ISBN 978-7-113-32617-3

Ⅰ. F719.2

中国国家版本馆CIP数据核字第2025QG8748号

书　　名： 酒店财务部精细化管理从入门到精通

JIUDIAN CAIWUBU JINGXIHUA GUANLI CONG RUMEN DAO JINGTONG

作　　者： 杨　凤

策划编辑： 王　佩

责任编辑： 杨　旭　　**编辑部电话：**（010）51873274　　**电子邮箱：** 823401342@qq.com

封面设计： 郭瑾萱

责任校对： 刘　畅

责任印制： 赵星辰

出版发行： 中国铁道出版社有限公司（100054，北京市西城区右安门西街8号）

网　　址： https://www.tdpress.com

印　　刷： 河北京平诚乾印刷有限公司

版　　次： 2025年11月第1版　2025年11月第1次印刷

开　　本： 710 mm×1 000 mm　1/16　**印张：** 12.25　**字数：** 181千

书　　号： ISBN 978-7-113-32617-3

定　　价： 79.80元

前言

经济技术的发展给酒店行业带来机遇的同时也带来了挑战。财务部门作为酒店经营管理的重要部门，对酒店的经营发展起着非常重要的作用。面对日益激烈的竞争，酒店财务部门也需要转型，提升管理效率，这样才能促进酒店经营效益的提高。

那么酒店财务部门应如何转型呢？精细化管理作为一种科学的可持续发展模式与新型管理理念，正是现代管理对服务质量精细化提出的必然要求。酒店想要提升竞争力，就需要加强财务部门的精细化管理。精细化管理可以让酒店的战略规划深入渗透到财务工作的每个环节，从而有效提升财务部门的执行力，帮助财务部门更科学地管理和运作，最终为酒店实现全面、协调和可持续发展奠定坚实基础。

面对这种新型管理模式，酒店财务部门应该如何着手进行呢？为此，我们编著了本书。希望通过对本书的阅读，可以帮助读者了解什么是精细化管理，以及如何进行酒店财务部门的精细化管理。同时，也可以帮助读者学习酒店财务知识，从而提升酒店管理效率。

全书共七章，可划分为三部分：

第一部分为第 1 章，讲解了酒店财务部门精细化管理的意义、财务部门组织结构设置及健全财务部的管理制度等内容。

第二部分为第 2~3 章，主要介绍如何管理酒店的会计业务及收银业务，包括酒店会计核算的特点、会计资料的填制与保管、酒店会计的服务规范及酒店经营涉及的收银业务的处理等，帮助读者了解酒店基础会计知识、会计服务规范及收银工作要点等。

第三部分为第 4~7 章，主要介绍酒店资产、财务预算、成本管控、收入、纳税及报表分析等方面的精细化管理，使读者从酒店经营的各方面把握财务状况，从而提升财务管理效率。

本书基于酒店行业的财务部门进行讲解，通过丰富的案例、图表降低了财务知识的枯燥感，展示了酒店财务部精细化管理的各种实用知识和操作规范，让读者能够轻松学习酒店财务部精细化管理的相关知识。

最后，希望所有读者都能从本书中学到想学的知识，掌握酒店财务部门的精细化管理方式，提升酒店财务管理水平。

编　者

2025 年 5 月

目录

第 7 章 财务报表及指标精确分析

第1章

认识酒店财务部门

财务部门在酒店的组织结构中占据核心地位，不仅掌握着企业经营发展所需的重要财产物资，负责企业的经营计划及决算，更关键的是可以为企业发展提供决策意见，从而提升企业的经济效益，降低经营成本。

1.1 酒店财务部门概述

随着市场经济的不断发展，酒店行业的竞争也日趋激烈，若想取得更好的经济效益，就需要进行更精细化的管理，提高资源的利用效率，控制好成本，增强自身的核心竞争力。而财务管理精细化就是酒店精细化经营管理的重要组成部分，对提升酒店整体运营效率和市场竞争力具有重要作用。

1.1.1 酒店财务部门精细化管理的意义

精细化管理就是对企业的每一个岗位、每一项具体的业务，都建立起一套相应的工作流程和业务规范，并落到实处。而在酒店经营过程中，财务活动贯穿其发展全流程，所以对酒店财务部门实行精细化管理是非常有必要的，具有以下重要意义。

1. 提高酒店财务管理水平

财务管理是酒店管理中非常重要的一部分，财务管理水平在很大程度上会影响企业各方面的运行，而实施财务精细化管理能从多角度更精准、细致地提升酒店的财务管理水平，促进企业整体经济效益的提升。

2. 增强酒店竞争力

在市场竞争十分激烈的酒店行业，企业若想脱颖而出，就需要不断提升自身的综合实力，增强竞争力。实施财务精细化管理可以优化账务处理流程，降低财务运营成本，提升竞争力。

3. 为酒店决策提供更精准的财务信息

实行财务精细化管理可以通过对重要财务状况的变化、成本费用、收支情况等进行分析，充分揭示酒店的生产经营情况，为酒店管理者提供更精准的财务信息，帮助其进行决策。

4. 有利于完善企业财务管理制度

实施财务精细化管理有助于发现酒店经营过程中出现的问题，促进财务管理制度的完善，有利于降低财务风险。

1.1.2 酒店财务部门的工作职责

由于酒店行业的特殊性，其财务部门的工作职责与传统生产行业的职责会有差异，主要是负责会计核算、财务管理、预算与成本管理及收入管理等，相关内容见表 1-1。

表 1-1 酒店财务部工作职责

工作职责	具体介绍
会计核算	①办理酒店会计核算业务。 ②办理好现金收入与银行结算业务。 ③保管好各种票据、单证。 ④审核各项费用的支付。 ⑤及时编制财务报表与财务报告。 ⑥处理酒店纳税业务，及时报税
财务管理	①结合酒店经营发展实际情况，编制各种财务计划。 ②对酒店财务状况进行分析，为酒店经营决策提供建议。 ③管理酒店的财务风险。 ④负责对酒店投融资项目进行可行性分析

续上表

工作职责	具体介绍
预算与成本管理	①建立健全酒店预算管理体系。 ②组织编制并调整酒店的各项财务预算。 ③监督各部门预算的执行情况。 ④制定酒店各部门成本控制措施
收入管理	①客房收入管理。 ②餐饮收入管理。 ③康乐服务收入管理
资产管理	①负责酒店资产的清查、盘点工作。 ②检查、监督酒店各项资产的完整性等
财务制度管理	①根据国家的财政法律、法规及公司的发展需要，制定并完善酒店财务管理制度。 ②建立健全酒店的内控制度，保证各项会计资料的真实性、完整性和正确性。 ③制定本部门的员工管理制度
财务人员管理	①协助人力资源部做好财务人员招聘工作。 ②对财务人员进行日常管理与考核等

1.2　财务部门组织结构设置

组织结构是保障酒店各项流程正常运转、部门设置及职能规划合理的最基本依据，而合理设置财务部门组织结构，能够有效提升其运营效率。

1.2.1　财务部门岗位设置

不同规模的酒店，其财务部门岗位设置不完全一样，中小型酒店常设的财务会计岗位如图1-1所示。

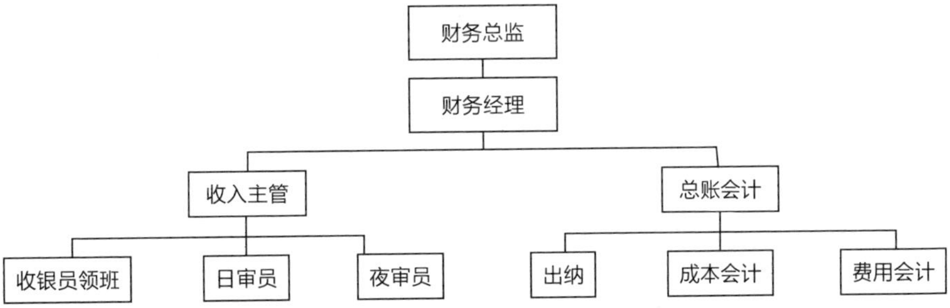

图1-1　中小型酒店财务部门岗位设置

从图 1-1 可以看出，由于中小型酒店规模并不是很大，所以财务部门岗位的设置相对比较精简；大型酒店的财务部门岗位设置则更为丰富，如图 1-2 所示。

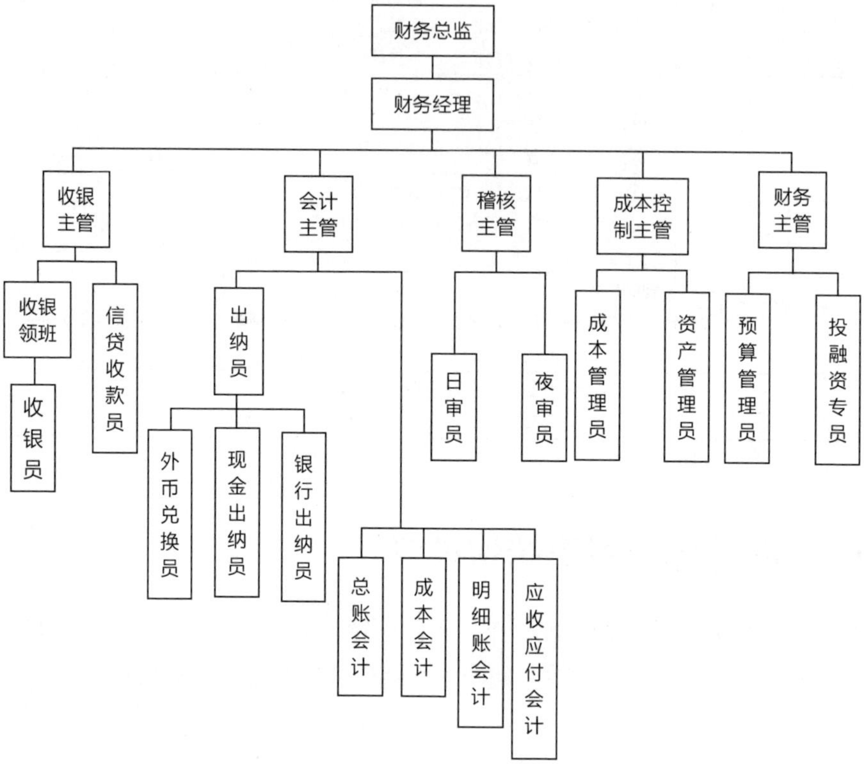

图 1-2　大型酒店财务部门岗位设置

从图 1-2 可以看出，大型酒店财务部门岗位设置比较细致，主要是大型酒店财务活动比较复杂，一些岗位甚至是一岗多人。不管是中小型酒店还是大型酒店，财务部门岗位的设置都没有绝对的标准，应根据具体的情况进行设置。

1.2.2　财务部门岗位职责描述

由于不同酒店财务部门岗位设置的差异性，其岗位职责也不完全一样，下面就来介绍酒店财务部门常设岗位的职责。

1. 财务总监

财务总监主要负责酒店财务的总体规划，其岗位职责见表 1-2。

表 1-2　财务总监岗位职责描述

职责概述	具体介绍
建立健全酒店财务管理制度	①负责编制酒店财务管理制度和各项财务工作流程，实施并监督其落实情况。 ②严格遵守国家有关财经法律、法规及方针、政策的规定，保障酒店的合法经营，维护酒店各大股东的权益
进行投融资管理	①根据董事会及酒店经营发展的要求，筹集酒店经营所需的资金，保障酒店发展的资金需求。 ②负责对酒店重要投融资项目进行评估与审核
财务管理	①负责酒店预决算管理工作。 ②负责审核重大收支项目和各部门重要用款项目。 ③定期向酒店总经理汇报酒店财务收支、经营成果和资金变动情况，定期对酒店经营状况进行财务分析与预测，并呈报会计报表及财务分析报告。 ④严格执行国家的外汇管理制度，统筹酒店的外汇管理工作
会计监督	①指导和监督酒店经济核算工作的开展。 ②审查财务部门汇总的营业收入报表。 ③定期或不定期审核重要原始凭证和记账凭证。 ④设置酒店的总分类账，检查各种财务报告的及时性和正确性
进行审计管理	①协助外部审计单位完成审计工作。 ②负责酒店主要负责人的离职审计及重大财务违规审计，并向董事会及总经理提出处理意见。 ③根据酒店的相关规定，组织实施年度财务收支审计、经营成果审计等各项工作
物资采购管理	①检查酒店物资采购计划。 ②指导协助采购部的各项工作，确保按时完成采购任务，并严格控制采购成本
参与酒店经营决策	①参与酒店发展战略、目标决策的制定。 ②参与酒店信用政策的制定。 ③参加酒店重要会议并提出合理化建议。 ④参与酒店重要经济合同的谈判、签署并监督执行情况

2. 财务经理

财务经理主要负责协助财务总监处理财务部的一切行政事务及财会业务，其具体岗位职责见表1-3。

表 1-3　财务经理岗位职责描述

职责概述	具体介绍
落实财务制度与预算管理	①协助编制财务制度及各项财务工作的操作流程与规范。 ②负责编制酒店财务预算及财务收支计划，并监督其实施过程。 ③监督各项财务制度执行情况
收银与核算管理	①负责酒店会计科目的设置。 ②监督收银工作的开展，审核营业收入和支出。 ③监督酒店各类税金的缴纳工作
成本管理	①定期对酒店财务收支情况进行汇总和分析。 ②负责酒店重要采购项目的审核。 ③定期开展财务盘点工作，及时掌握酒店财产情况。 ④负责对各类资产，如存货、固定资产、无形资产等进行管理
投融资管理	①负责对酒店的投融资项目编制投融资方案。 ②监督酒店现金和其他资金的使用及管理情况
财务报表和财务报告管理	①负责出具酒店财务报告。 ②负责酒店重要财务报表的编制。 ③审核财务的月报表、季度报表及年度报表
员工管理	①指导、监督、培训和管理所属人员。 ②参与酒店各类重大决策的财务审核和评估工作。 ③做好与酒店其他部门的沟通协调工作

3. 财务主管

财务主管主要负责酒店的财务会计工作，同时管理好财务部员工，其具体职责见表1-4。

表 1-4　财务主管职责描述

职责概述	具体介绍
制定酒店会计制度	根据国家财经法规、会计制度和其他法规、政策的规定，结合本企业实际情况，起草本单位具体会计制度及实施办法，组织会计工作，并督促会计人员贯彻执行

续上表

职责概述	具体介绍
组织财务部门工作	落实会计部门岗位职责和人员分工，领导本部门人员贯彻国家财经法规和政策，严格按照酒店会计制度进行会计核算。同时，还要组织本部门有关岗位人员制定有关财产物资的管理规章制度，协调各部门共同执行
充当高层的财务管理助手	财务主管要充分提取和利用会计信息资料，为企业高层领导提供经济预测和经营决策的依据，同时也要参与经营决策
加强财务管理与成本控制	财务主管要开展全面预算，严格控制财务收支，组织有关部门和会计人员按期计算和分析成本控制情况
纳税管理	财务主管应按照国家税法的规定，严格审查应交税费和其他应交款项，督促有关岗位人员及时办理相关手续，不挪用、不拖欠
财产清查	财产清查制度是企业财务制度的重要内容，财务主管需要定期组织有关部门人员共同进行财产清查工作，通过财产清查，促进有关部门不断完善管理制度，改进管理方法
财务部人员管理	财务主管应配合人力资源部门管理好财务部门员工，定期组织员工学习，不断提升财务部门的整体素质

4. 收银主管

收银主管主要负责收银部门的日常管理工作，其岗位职责如下所述。

①收银业务管理：协助财务经理制定收银结账制度和工作规范，并监督下属人员执行，审核营业收入与报表，评估客户信用，监督执行部门信用政策的执行等。

②定期汇总工作：负责月末收银业务的结账、对账与盘点等工作。

③进行人员管理：安排和协调下属收银人员的工作，对员工进行培训、考核等，负责监督和协调各营业点的收银工作。

5. 稽核岗位

稽核岗位主要负责协助建立酒店的内控管理制度，其下又设置了日审专员与夜审专员岗位，具体岗位职责见表 1-5。

表 1-5　稽核岗位职责描述

稽核岗位	岗位职责描述
稽核主管	（1）制定并监督落实稽核制度。 ①协助财务经理制定酒店各项财务规章制度及工作规范，并监督下属员工执行。 ②拟定酒店稽核工作流程，经批准后组织实施。 ③对酒店稽核制度、各项流程等提出建议。 （2）核单。 ①指导核单员对酒店各项收入的单据进行审核。 ②处理核单过程中遇到的重大问题并及时向领导汇报。 ③对各项单据、凭证进行核查，不断提高核查效率。 （3）管理日间审核与夜间审核工作。 ①安排日间稽核工作和夜间审核工作。 ②处理日间审核和夜间审核工作中出现的各项问题，对其中的问题提出改进意见，并根据问题的严重程度向财务经理及总经理进行汇报
日审专员	①负责审核各账单、报表及各收银点上交的钱款情况。 ②负责发票开具情况的审核。 ③审核收银员完成的各种报表，如报表是否跳号。 ④审核前台当日未结客账的余额是否正确。 ⑤对挂账单位的账目进行整理，并转送财务部进行催收
夜审专员	①审核当日各种消费项目的明细表。 ②审核各种签单、挂账，并与应收账款明细账进行核对。 ③负责每日营业点收银机的清机工作。 ④审核各项优惠折扣手续是否完备

6. 出纳

出纳主要负责对现金业务进行管理，其具体职责如下所述。

①保管好酒店的有价证券、支票和收据等票据。

②每日核对库存现金，结出每日现金余额，做到账款相符。

③检查各部门的备用金情况并做好记录。

④负责收银点现金收入、转账票据的汇集和银行送存工作。

⑤编制收款凭证，审核现金日记账和银行存款日记账。

⑥检查酒店所有收付款业务凭证，做到有凭证、有审批，手续完备。

7. 会计岗位

会计岗位主要负责处理酒店的会计业务。由图 1-2 岗位设置图也可以看出会计主管岗位下面又细分了总账会计、明细账会计、成本会计和应收

/ 应付会计等岗位，各岗位具体职责见表1-6。

表1-6　会计岗位职责描述

会计岗位	职责描述
会计主管	①对财务部门的日常管理、预算管理等进行总体控制，根据酒店的中长期经营计划，编制财务计划。 ②组织财务报表及财务预算的编制工作，为酒店决策提供有用的财务信息，监督检查财务制度及预算的执行情况，并及时进行调整。 ③负责税务的整体管理工作，按时完成纳税申报。 ④向上级主管报告酒店的经营情况，为领导层提供财务分析建议
总账会计	①负责酒店总分类账户的核算。 ②负责对应收应付账款、出纳等工作对应的账目进行汇总。 ③完成总账与各明细账的核对，并编制会计报表
明细账会计	①登记酒店除成本、应收应付账款外的明细账。 ②审核各经营事项的内容、用途、手续和单据金额的正确性，填制相应的会计凭证。 ③制作科目余额表，定期编制明细账报表并上报。 ④协助总账会计进行总账与明细账的核对，确保账账相符
成本会计	①负责登记库存商品明细账。 ②审核成本费用支出的原始凭证。 ③参与存货盘点工作并编制盘盈、盘亏报表。 ④协助各部门做好成本费用管理工作。 ⑤编制成本费用报表
应收会计	①负责酒店核算及检查酒店发生的各项应收账款，并对应收账款进行催收，编制应收账款明细表。 ②每月进行应收账款账龄分析并编制应收账款报告
应付会计	①审核应付账款单据，检查发票上的签名、数量、单价及金额是否与其他凭证记录相符。 ②进行应付账款核算，根据其他部门的原始凭证编制记账凭证

8. 成本控制主管

成本控制主管主要负责成本费用的审核及成本控制分析，具体岗位职责如下所述。

①负责酒店营业部门的成本控制，做好成本分析与合理定价。

②建立成本核算监督检查制度，促进原材料使用效率的提高。

③做好采购审核，将供应商的价格与市场价进行比较，确保酒店以优惠的价格采购到满意的商品。

④组织并监督酒店的物流情况，每月进行库存物资盘点。

⑤负责营业部门的成本核算并及时入账。

⑥定期检查各营业部门成本计划的执行情况，分析成本升降的原因，严格控制成本。

9. 信贷收款专员

信贷收款专员主要负责酒店资金的回收与清算工作，如信用调查与信用催收，具体工作内容如下所述。

①信用调查：对客户的信用程度进行调查，掌握客户信用情况；定期或不定期编制客户信用报告，报送有关部门以供决策参考。

②信用催收：依照相关规章制度和工作规范，做好信用催收工作；及时掌握各客户的欠款情况，及时催收；采取积极措施加速欠款追收，避免坏账损失，控制应收账款在可把控范围内。

③其他工作：协调与应收账款会计的工作；整理各方面资料，对信贷收款提出合理化建议；定期将欠款情况和催收情况报告给财务经理。

10. 外币兑换员

外币兑换员主要负责货币兑换服务，其具体岗位职责如下所述。

①开展外币兑换工作：每日根据银行更新的外汇牌价及时更新酒店外汇牌价表；领用兑换税单、周转金，并按规定办理领用手续；受理兑换业务，严格按照相关程序和规定办理每笔兑换业务；妥善管理各种现钞、单据，做好交接工作。

②其他工作：积极提出改进工作的建议，协助主管不断优化工作流程；完成领导交办的其他工作。

1.3 健全财务部门管理制度

任何组织及部门想要有条不紊地发展，都离不开制度的规范与保障，建立健全酒店财务部门管理制度可以规范财务部门及员工的行为，提升工作效率。

1.3.1　酒店财务管理制度

酒店想要保证良好运转就离不开财务管理，财务管理对于酒店的管理和经营来说有着不可忽视的作用，而想要更好地进行财务管理就需要完善财务管理制度。完善的财务管理制度能够规范酒店日常财务行为，提高酒店经营管理水平与经济效益。

不同的酒店，财务管理制度一般不同，在制定酒店财务管理制度时可参考以下一些内容。

1. 财务部门各岗位的职责

财务部门可实行分工管理制度，各岗位人员接受财务经理与其他部门经理双重领导，日常工作由财务部经理负责。财务部工作实行岗位责任制，做到钱账分开，各司其职。

2. 相关会计制度

会计规范是财务管理的一部分，在制定财务管理制度时需要了解并遵循相关会计工作规范，也可参考《中华人民共和国会计法》（以下简称《会计法》）、《企业会计制度》与《会计基础工作规范》的相关规定。具体内容如下。

①会计年度自一月一日起至十二月三十一日止。

②会计凭证、会计账簿、会计报表和其他会计资料必须真实、准确、完整，并符合会计制度的规定。会计人员对不真实、不合法的原始凭证，不予受理；对记载不准确、不完整的原始凭证，予以退回，要求更正补充。

③会计人员办理会计事项必须填制或取得原始凭证，并根据审核无误的原始凭证编制记账凭证。会计、出纳记账都必须在记账凭证上签章。

④会计人员应当定期会同公司有关部门对公司账面资金、资产、物资等进行盘点清查，保证账实相符。各盘点报表需要上报经理审批。

⑤出纳人员不得兼管稽核、会计档案保管和收入、费用、债权、债务账目的登记工作。

⑥财务人员调动工作或离职，必须与接管人员办清交接手续。办理交接手续时，由公司领导、总公司主管财务领导监交。

3. 现金管理

现金管理也是酒店财务部门的重要工作，完善的现金管理制度能够促进现金的规范化使用。在制定现金管理制度时可参考以下几点。

①收支两条线：所有营业现金必须在当班结束前，在见证人监督下投入保险箱，并于次日全额送存开户银行，严禁“坐支”或截留。

②限额与备用金管理：库存现金不得超过 3 天日常周转限额；各收银点找零、外币兑换、采购等备用金实行“定额 + 专款专用 + 每班交接”制度，超额及时上缴。

③日清月结与差异处理：现金日记账必须日清月结，账实相符；长短款当日在收银员报表“现金超短栏”如实填报，不得隐瞒或以白条抵库。

④保险箱与投箱制度：收银员离柜即锁钱箱；现金收入在监控与见证下即时投入“投取式保险箱”，封袋须用胶水封口，严禁使用透明胶或订书钉；次日由出纳与见证人共同拆箱点验。

⑤监督与报告：财务每月编制银行存款余额调节表，对账差异须当日查清；收益审核每日核对营业报表与实缴现金，发现问题即时上报财务经理。

通过“限额控制 + 收支分线 + 即时封存 + 双人监督 + 系统对账”形成闭环，确保酒店现金安全、流转清晰、风险可控。

4. 支票管理

支票管理是财务管理的基础，规范支票管理有利于保障酒店的资金安全，可参考以下内容。

①酒店的支票由出纳购买和保管，由会计进行监督。

②支票用于现金结算限额以上的款项及其他需要从银行付款的结算业务。

③出纳购入、开出支票都必须做好登记，并每月进行盘点。

④签发支票采用记名方式，签发时须填写接受单位或个人姓名及用途。

⑤支票不得借他人使用，不可替他人代开，不可签发空白支票和远期支票。

⑥空白支票不得先盖印鉴，必须填写经济结算业务后加盖印鉴。

⑦作废的支票应及时收回，加盖作废印章后与存根联一并保存。

⑧支票应按顺序号使用，不得顺序颠倒或随便抽取使用。

⑨收到支票应及时送存银行。

⑩酒店暂不接收个人支票、异地转账支票和旅行支票，不接收经他人背书转让的支票，不接收远期支票和票面金额大于实际结算金额的支票。

⑪任何人不得以任何方式用支票兑换酒店现金。

⑫支票如丢失，应及时上报财务经理和总经理，并及时到银行挂失。

5. 印章管理

印章是酒店经营管理活动中的重要凭证，加强印章管理可以维护酒店的利益，具体可参考表1-7的内容。

表1-7　某酒店印章管理规定

管理规定	具体介绍
印章种类	①酒店印章包括公章、合同专用章及财务专用章等。 ②各经营业务部门及后勤管理部门因工作需要而设的部门公章
印章保管	①酒店公章、合同专用章由总经办主任保管。 ②酒店财务专用章由财务总监保管。 ③各部门公章由部门经理保管。 ④印章必须由各保管人员妥善保管，不得转借他人
印章使用	①以酒店名义对外发出的公文。 ②以酒店名义对外联系、商洽业务工作的介绍信、证明信等。 ③以酒店名义与有关单位签署的合同、协议等。 ④各部门的工作联系用章。 ⑤本酒店员工办私事，确需酒店出具证明信等情况。 ⑥使用酒店印章需提出申请，总经办要实行登记管理。 ⑦各部门公章使用由各部门经理申请，只对内使用，各部门员工因私开具各种证明确需加盖酒店印章的，须书面向所在部门经理申请并附相关材料，经部门经理批准后报总经办审批。 ⑧每次使用印章时需及时登记，以备查，盖有印章的公文作废后应及时销毁。 ⑨开具介绍信、证明等必须留有存根，严禁开具盖章空白证明。 ⑩印章须妥善保管，如不按规定使用印章，保管人员有权拒绝办理

6. 财务盘点管理

为了加强财务盘点工作的正确性并落实相关责任人的责任，公司需要制定财务盘点制度，可参考表 1-8 的内容。

表 1-8　财务盘点规定

内容	具体介绍
盘点范围	盘点范围包括原材料、固定资产、低值易耗品和库存现金等
盘点方式	盘点方式包括不定时抽查、每月盘点和年终清查三种
盘点人员	由财务人员、保管人员、部门负责人（主管）等组成
年终清查	①年终清查应进行全面清查，包括酒店所有财物。 ②年终清查由财务室组织筹划，各部门负责人积极配合参与。 ③盘点前财务室应提前一周（以上）通知各有关部门做好准备工作，部门应在盘点前将部门参加盘点人员上报财务室，原则上部门负责人要亲自参加，如遇特殊原因，可委派相关人员参与。 ④年终清查时质检部门需要派人参与监督清查工作。 ⑤年终清查不仅要清查财物数量，也要对财物质量进行检验，如遇质量问题，盘点完毕后，由质检部门对酒店财物质量作出书面汇总报告，在报告中应说明相关财物的状况及财物处理办法。 ⑥盘点质量书应由所有盘点人员签字后上呈总经理签署意见，财务会计人员依据批示意见对财物和账务进行相关处理。 ⑦年终盘点一式四份，总经理一份，财务、保管、部门各一份
月末盘点	①每月末（当月最后一天或次月 1 日）由财务人员、实物负责人对原材料进行全面盘点，月终盘点数量必须准确无误，以便核算成本。 ②部门应准备各种实物计量工具，以便准确计量。 ③每月末应对各部门财产和低值易耗品进行清点。 ④财产和低值易耗品盘点应于盘点完毕后填写盘点差异表，差异表应上呈总经理一份
不定时抽查	①部门负责人、总经理有权要求对部门和酒店财物进行临时抽查，会计部、盘点人员应积极配合。 ②财务部门对酒店持有财物有不确定性时可临时抽查，包括原材料及各类现金 ③不定时抽查一般由实物负责人负责，抽查部门与财务部门也可参与
现金盘点	①酒店出纳对现金每月盘点一次。 ②部门备用金暂定每月盘点一次，财务室可根据相关领导的要求对备用金进行不定时抽查。 ③不定时抽查应填写盘查报告，也可不填写，但要口头汇报。 ④现金及收支票据盘点应于当日上班前或当月收支结束后进行。 ⑤收银台现金可不定时抽检，但一般不出具盘点报告，出现差错较大应即时处理和汇报。

续上表

内容	具体介绍
现金盘点	⑥现金盘点程序如下所示。 封柜→查账清点→现金盘点。 ⑦出纳现金盘点和部门备用金月底盘点都应出具现金盘点报告书一式两份，并上呈总经理，保管一份，财务一份
盘点报告	①财务部盘点完毕后，应编制盘点表，并汇总盘点差异表，差异表一式四份，出纳、参与盘点的审计或稽核人员、财务经理、档案管理员各一份，现金盘点表一式三份，部门、保管、财务各一份。 ②盘点差异表需经部门领导审阅，查明原因或由实物负责人填写差异原因报告后签字。 ③盘点表由部门负责人签字，盘点差异表附在一起一并上呈总经理，总经理在盘点差异表上签署处理意见后，留底一联，其余退回财务室，由财务分发各部门。 ④盘点差异表未经总经理签字，所有财物差异一律记入“待处理财产损溢”科目，不得擅自处理，待领导批示后，再做相关处理。 ⑤盘点差异表应于盘点完毕一周内上呈总经理

1.3.2　财务部门费用报销制度

规范的财务报销制度可以合理控制支出，有效提高酒店资金的利用效率，减少资金浪费。酒店的财务报销制度也需要根据自身情况来制定，以下为某酒店财务报销制度内容，可供参考。

1. 借款管理

表 1-9 为某酒店借款管理规定的内容。

表 1-9　借款管理规定

规定	具体阐述
出差借款	出差人员凭审批后的“出差申请表”，填写借款单，由部门领导审签后，报财务部审核，并送总经理及董事长批准后，才能借款。出差返回后及时办理报销还款手续
借款金额	对于 200.00 元以下的借款需求不予支持，各项借款金额超过 1 000.00 元应提前一天通知出纳备款，借款未还，原则上不得再次借款
销账	借款销账时以“出差申请表”作为报销凭证的附件，依照申请单据报销，超出申请范围使用的，须经总经理及董事长批准，否则财务人员有权拒绝销账

2. 费用报销管理

酒店企业的费用报销制度是财务管理的重要组成部分，需要兼顾业务需求与成本控制。

酒店费用报销遵循三大核心原则：真实性、合理性和合规性。所有报销必须基于实际发生的业务活动，凭证需真实合法有效，费用支出应符合酒店经营管理需要和市场行情。任何虚假报销、变相套取资金的行为都将受到严肃处理。

3. 差旅费报销规定

为规范公司差旅费管理，明确报销流程与标准，确保费用支出合规、透明，现将差旅费申请、交通、住宿、餐饮、借款及审核相关要求规定如下。

①差旅费申请：出差前需提交书面或系统申请，明确出差事由、行程、人数及预估费用，经审批后方可出差。

②交通出行标准：优先选择公共交通（火车、汽车、高铁），特殊情况需乘飞机的，需额外审批；交通费用凭正规票据报销，超标准部分自行承担。

③住宿标准：按职级设定住宿限额（如普通员工 ×× 元 / 晚、管理层 ×× 元 / 晚），需入住正规酒店，凭发票报销，超限额部分自理。

④餐饮补助：按出差天数计发，无须提供餐饮发票（或明确需凭票报销的特殊要求），超标准不补。

⑤差旅借款：确需预借差旅费用的，需提交借款申请，明确金额及用途，出差结束后 ×× 日内凭报销单冲抵借款。

⑥内审核查：报销时需提交完整材料（申请单、票据、行程单等），内审部门核查材料真实性、合规性，不符要求的不予报销。

4. 交通费报销规定

某酒店交通费报销标准与规定如下所述。

①报销标准：员工因公办事或加班，可凭公交车票据报销交通费，因特殊原因需乘坐出租车的，由分管部门领导批准后可报销出租车费用。

②报销流程：先由员工整理交通车票，按规定填好“交通费报销单”（须填写坐车起始站点），再按日常费用审批程序进行审批，最后由员工

持审批后的报销单到财务处办理报销手续。

5. **办公费及低值易耗品报销规定**

为了合理控制费用支出，办公费和低值易耗品费用通常由企业行政人事部统一管理，集中购置，并指定专人负责。酒店行政部每月根据需求及库存情况按预算管理办法编制购置预算，填写“购置申请单”报总经理及董事长审批后购置，一般报销流程如图1-3所示。

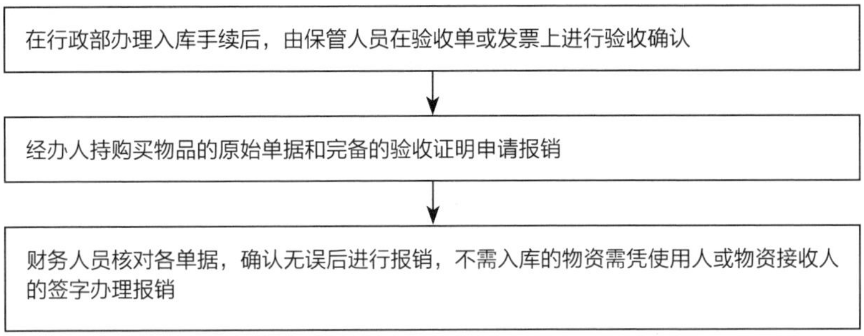

图1-3　报销流程

1.3.3　会计档案管理制度

会计档案是记录和反映酒店各项经济业务的重要史料和证据，酒店财务部需切实加强对会计档案的管理工作，建立健全会计档案的归档、保管、调阅和销毁制度。酒店财务部可参考《会计档案管理办法》，结合自身管理需要，完善酒店的会计档案管理制度。

下面来看某酒店会计档案管理制度范本。

实用范例　某酒店会计档案管理制度

一、会计档案的范围

1. 会计凭证：包括外来的和自制的各种原始凭证、原始凭证汇总表、记账凭证、银行存款对账单及余额调节表等。

2. 会计账簿：包括总账、明细账、日记账和各种辅助登记簿等。

3. 财务报告：包括月度、季度和年度会计报表。

4. 其他会计核算资料：其他与会计核算紧密相关的资料，如会计档案移交清册、会计档案保管清册和会计档案销毁清册等。

二、会计档案的整理

在会计年度终了后，应将装订成册的会计档案进行整理归档，各种会计档案应按会计档案材料的关联性，分门别类地组成几个类型的案卷，并按顺序编号。

三、会计档案的归档

…………

四、会计档案的借阅使用

…………

五、会计档案的保管期限

会计档案的保管期限应按照《会计档案管理办法》执行，规定的保管期限应从会计年度终了后的第一天算起。

六、会计档案的销毁

1. 会计档案保管期满，需要销毁时，由本单位档案部门提出销毁意见，和财会部门共同鉴定，严格审查，编制会计档案销毁手册。然后经单位领导审查，以书面形式报经主管部门批准后销毁。对其中未了结的债权债务的原始凭证，应单独抽出，另行立卷，由档案部门保管到结清债权债务时为止。

…………

从上述会计档案管理制度可以看出，进行财务部精细化管理也要加强对基础财务工作的管理，完善相关制度。

第2章

规范并深入管理会计业务

会计工作是财务部门的基础工作，规范管理会计业务对于财务部门的精细化管理有着重要的作用，通过规范与优化会计业务流程，有助于提高财务部门的工作效率，促进酒店发展。

2.1 酒店财务会计概述

与传统行业相比，酒店经营涉及的业务比较多，具有综合性，其财务会计核算既要遵循基本的会计业务处理规范，也要符合自身特点，精细化管理会计业务能够有效提升财务部门的工作效率。

2.1.1 酒店会计核算特点

由于酒店经营业务的复杂性，其会计核算与其他行业相比有很多不同之处，具体表现在如下方面。

1. 收入核算

①因为酒店经营业务的多样性，其营业收入内容也比较复杂，不像传统制造业仅仅是销售产品或商品，所以在入账时，更需要分清各项收入的性质，不能笼统地全部列到一项营业收入中；

②由于酒店行业受社会经济、天气、季节等外在客观因素的影响，酒店的收入季节性波动很大。

2. 成本与费用核算

在酒店会计核算中，为提供服务而发生的各种直接支出通常直接计入营业成本，而除管理人员以外的工资、保险费、福利费等，酒店客房部及餐饮部的办公费等，通常计入销售费用，这就导致了主营业务成本与主营业务收入不匹配，销售费用金额比较大。

3. 存货核算

相比于其他行业，酒店的存货比较多，主要是原材料和低值易耗品两类，它们的共同特点是金额较小，品种较多，会增加酒店财务核算工作量。

4. 核算方法

由于酒店经营项目不止一种，也就需要采用不同的核算方法。如客房、娱乐设施等采用类似商业企业的会计核算方法；而食品类制作采用类似工业企业的核算方法；酒店小商超则采用零售企业售价的核算方法等。

2.1.2 酒店会计科目设置

在了解酒店会计科目设置之前，需要先认识一下会计要素。会计要素是对会计对象的具体内容所做的分类，可以划分为资产、负债、所有者权益、收入、费用和利润六个要素，具体内容见表 2-1。

表 2-1 会计要素

要素	具体介绍
资产	资产是指由企业过去的交易或事项形成的，由企业拥有或控制的，预期会给企业带来经济利益的资源。按流动性可以划分为流动资产与非流动资产。 ①流动资产是指可以在一年或超过一年的一个营业周期内转换或耗用的资产，包括库存现金、银行存款、应收及预付款项和存货等。 ②非流动资产是指在一年或超过一年的一个营业周期才能转换或耗用的资产，包括固定资产、无形资产和长期股权投资等
负债	负债指由企业过去的交易或事项形成的，预期会导致经济利益流出企业的现时义务。按照流动性可以划分为流动负债与非流动负债。 ①流动负债是指将在一年（含一年）或超过一年的一个营业周期内偿还的债务，包括短期借款、应付票据和应付账款等。 ②非流动负债是指偿还期在一年或超过一年的一个营业周期的债务，包括长期借款、应付债券和长期应付款等

续上表

要素	具体介绍
所有者权益	所有者权益是指企业资产扣除负债后，由所有者享有的剩余权益，主要包括实收资本（股本）、资本公积、盈余公积和未分配利润
收入	收入是指企业在日常经营活动中形成的，会导致企业所有者权益增加的，与所有者投入资本无关的经济利益的总流入。按照日常业务活动的重要性可以分为主营业务收入与其他业务收入。 ①主营业务收入是指企业从事主要的经营活动所取得的收入，如零售企业的主营业务收入主要是指销售商品的收入。 ②其他业务收入是指企业从事非经常性的或兼营的业务产生的收入，如销售包装物、出租固定资产等取得的收入
费用	费用是指企业在日常活动中发生的，会导致所有者权益减少的，与向所有者分配利润无关的经济利益的总流出。具体可以划分为主营业务成本与其他业务成本。 ①主营业务成本是指企业销售商品、提供劳务等经营性活动发生的成本，如直接材料费、直接人工费等。 ②其他业务成本是指除了主营业务活动以外的其他日常经营活动发生的支出，如销售材料的成本
利润	利润是指企业在一定会计期间的经营成果，包括营业利润、利润总额和净利润

其中，资产、负债和所有者权益三项会计要素反映企业的财务状况；收入、费用和利润三项会计要素反映企业的经营成果。此外，这六项要素之间还存在着以下恒等关系。

资产＝负债＋所有者权益

利润＝收入－费用

由上述内容可知，会计要素是对会计对象的具体内容所做的分类，而会计科目则是对会计要素的内容再进行分类核算的类目，基于酒店核算的特点，酒店常用的会计科目主要有表 2-2 所列的一些。

表 2-2　酒店常用会计科目

资产类		负债类	所有者权益类	损益类
库存现金	固定资产	短期借款	实收资本	主营业务收入
银行存款	累计折旧	应付账款	资本公积	其他业务收入
其他货币资金	固定资产减值准备	预收账款	盈余公积	主营业务成本

续上表

资产类		负债类	所有者权益类	损益类
		应付职工薪酬	本年利润	其他业务成本
应收利息	固定资产清理	应付利息	利润分配	营业外收入
其他应收款	无形资产	其他应付款	—	营业外支出
坏账准备	累计摊销	长期应付款	—	销售费用
原材料	商誉	—	—	管理费用
库存商品	待处理财产损溢	—	—	财务费用
存货跌价准备	—	—	—	税金及附加

拓展贴士 **损益类科目**

损益类科目是指核算企业取得的收入和发生的成本费用的科目，它包括以下内容。

①收入类科目，包括主营业务收入、其他业务收入、投资收益和公允价值变动损益等。

②费用类科目，包括主营业务成本、其他业务成本、资产减值损失、信用减值损失、销售费用、管理费用、财务费用和所得税费用等。

③直接计入当期利润的利得，如营业外收入、固定资产处置损益等。

④直接计入当期利润的损失，如营业外支出。

2.1.3 会计核算基本假设

会计核算假设是针对会计核算过程中的一些不确定因素，根据客观正常的情况所做的合乎情理的判断，包括以下四个方面的内容。

1. 会计主体

会计主体是会计工作服务的特定对象，界定了从事会计工作的空间范围。明确界定会计主体是开展会计确认、计量和报告工作的重要前提。只有明确会计主体，才能划定会计工作所要处理的各项交易或事项的范围。

2. 持续经营

持续经营是指会计主体在可预见的未来会按照当前的模式经营下去，不会发生破产清算，是会计确认、计量和报告的时间范围。企业是否持续经营，对于会计原则、会计方法的选择有很大影响。所以，一般情况下会假定企业将会按照当前的规模和状态持续经营下去。

3. 会计分期

会计分期是指将企业持续经营的生产经营活动划分为一个个连续的、长短相同的期间。在会计分期假设下，企业应当划分会计期间，通常分为年度和中期。正是会计分期才产生了当期与以前期间、以后期间的区别，为不同类型的会计主体提供了记账基准。

4. 货币计量

货币计量是指会计主体在进行会计确认、计量和报告时，以货币来进行计量，反映会计主体的生产经营活动。

2.1.4　会计记账基础

会计记账基础包括权责发生制和收付实现制两种。

1. 权责发生制

权责发生制也叫“应收应付”制，是以权利和责任的发生来决定收入和费用归属期的一项原则。凡是本期已经实现的收入和已经发生或应当负担的费用，不论其款项是否已经收付，都应作为当期的收入和费用处理；凡是不属于当期的收入和费用，即使款项已经在当期收付，都不应作为当期的收入和费用。

2. 收付实现制

收付实现制也叫“实收实付”制，是以实际收到或付出现金为标准来记录收入的实现和费用的发生。在收付实现制下，以现金的实际发生来决定是否计入当期的收入与费用，而不考虑现金收付是否实际发生。

二者主要的区别就是确认收入与费用的标准不同，权责发生制以是否在本期为标准，收付实现制以款项的实际收付为标准。在我国，一般企业采用的都是权责发生制，行政事业单位通常采用的是收付实现制。很显然，酒店属于一般企业，通常使用权责发生制。

2.1.5 酒店建账流程

建账是每个企业必须要进行的一项财务工作流程，酒店行业也不例外。建账是指新设企业和原有企业在会计年度开始时，会计人员会根据核算工作的需要来设置应用账簿的过程，通常包括以下步骤。

第一步：建账前准备。按照酒店需要用的各种账簿的格式要求，事先准备各种账页，并将活页的账页装订成册。

第二步：启用账簿表。在账簿封面上填写好单位名称、账簿名称、册数、编号、起止页数、启用日期及记账人员和会计主管人员姓名，并加盖名章和企业公章。

第三步：建立账户。按照会计科目表的顺序、名称，在总账账页上建立总账账户，并根据总账账户明细核算的要求，建立各级明细账户。

第四步：启用订本式账簿。按照从第一页起到最后一页止的顺序编定号码，不得跳页、缺号；使用活页式账簿，应按账户顺序编制页次号码。各账户编制号码后，应填写“账户目录”，将账户名称按照页数登入目录内，并粘贴索引纸（账户标签），写明账户名称，以便检索。

现在大部分企业都实行会计电算化，不再需要财会人员手动制作账簿。

2.1.6 会计核算管理规范

进行会计核算是会计工作的基础职能之一，为了更规范地进行会计核算，需要完善相关的会计核算制度。下面来看某酒店的会计核算管理制度，以供参考。

实用范例　某酒店会计核算制度

1. 采取借贷记账法记账，采用权责发生制，即凡是收益已经实现，费用已经发生，不论款项是否收付，都应作为本期的收益或费用入账；凡是不属于本期的收益或费用，即使款项已在本期收付，也不应作为本期的收益或费用处理。一个时期内的各项收入与其相关联的成本、费用都必须在同一时期入账。凡是用于增加固定资产而发生的各项支出都应计资本支出，不得计入费用；凡是为了取得收益而发生的各项支出，都应作收益支出，同时计入成本费用。

2. 会计年度采用历年制，自公历每年 1 月 1 日起至 12 月 31 日止为一个会计年度。

3. 记账用的货币单位为本位币，凭证、账簿、报表均用法定文字书写。

4. 会计科目

依据《企业会计准则》，结合酒店实际情况及行业通行惯例制定的会计制度中所规定的会计科目。

5. 财会人员离职时，必须办清交接手续，并注明交接日期，由主管人员监交，并由交接双方签章，未按规定办清手续的财会人员不得离职。

6. 会计报表

依据《企业会计准则》和董事会关于会计报表格式、填报时间和份数的有关规定执行。

7. 会计凭证与账簿

① 使用自制原始凭证和外来原始凭证两种，自制原始凭证指进货验收单、领料单、出库单、差旅费报销单、费用开支证明单、调拨单、收款收据和借款条等。外来原始凭证指我单位与其他单位发生业务、劳务关系时，由对方开给本单位的凭证、发票和收据等。

② 会计凭证保管期为 30 年，保管期满需要销毁时，须开列清单，经领导审查，报上级主管部门批准后方可销毁。

③ 原始凭证的填写、取得，都应按有关基本要求执行，记账凭证包括收款凭证和付款凭证，也要按基本要求填写及签发，据以记账并归档保管好。

④ 对外开出的凭证，要妥善保管好存根，备查。

⑤ 尚未使用的重要空白凭证（如支票簿、现金收据等）要妥善保管，严

格遵循领用规定。

⑥ 对于电脑记录的借账，要另行填制记账凭证更正，对于手工记录的错账凭证，可采用画线法或另制凭证更正。

⑦ 酒店账簿设置：现金及银行日记账（订本式及电脑账）；外币及银行日记账（订本式及电脑账）；各类明细分类账（包括多栏式明细账）；总分类账。

⑧ 对于会计凭证等会计资料须按有关规定妥善保存或销毁。

8. 其他

① 一切会计凭证、账簿、报表等各种会计记录，都必须根据实际发生的经济业务进行登记，做到手续齐备，摘要简洁，内容完整，准确及时。有关会计处理方法，前后期必须一致，不得任意改变。

② 酒店的各项财产应按实际成本核算，不论市价是否变动，一般不调整账面价值。

③ 划清资本支出与收益支出的界限，不能相互混淆。

④ 建立稽核制度，对款项的收付、债权债务的发生与清算各项经济业务，都要有明确的经济责任，有合法的凭证，并经授权人员审核签证。

⑤ 会计核算应根据酒店具体情况设置主要项目为往来款项、存货、固定资产、成本和费用、营业收入和利润及投入资本等。

从上述案例展示的会计核算管理制度看，规定了记账方法、会计年度、记账本位币、会计科目等核算基础，还规定了工作交接的办理规范及会计报表、会计凭证和账簿的使用规范，最后总结一些会计核算的注意事项。

2.2 会计资料的填制与管理

会计资料是记录会计核算过程和结果的重要载体，包括会计凭证、会计账簿等，都是酒店重要的经济资料。进行财务部精细化管理，也需要加强基础财务工作的管理，了解重要的会计资料并进行规范填制与管理。

2.2.1　认识会计凭证

会计凭证是记录酒店经济业务发生或完成情况的书面证明，是登记会计账簿的依据，按其编制程序和用途可分为原始凭证与记账凭证，具体介绍如下。

1. 原始凭证

原始凭证是在经济业务发生时取得或填制的，用来记录和证明经济业务已经发生或完成的凭证。根据其填制方式和取得来源的不同，又分为图 2-1 所示的各类凭证，下面将对其进行详细介绍。

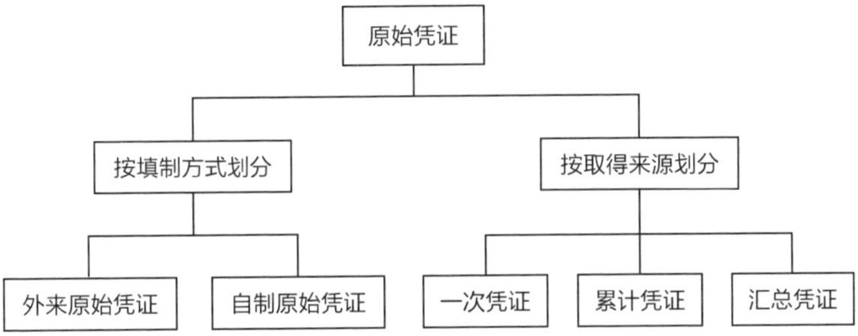

图 2-1　原始凭证分类

（1）自制原始凭证

自制原始凭证是酒店内部的财务部门或个人在完成某项经济业务时所填制的原始凭证，包括酒店的入库出库领料单和点菜单等。图 2-2 为某酒店入库出库领料单。

酒店入库出库领料单					
品名	入数	出数	入库日期	出库日期	领取人
牙刷					
牙膏					
香皂					
纸巾					
浴巾					
拖鞋					
拖把					
垃圾袋					
洗发水					

图 2-2　领料单

（2）外来原始凭证

外来原始凭证是在与外单位发生经济往来事项时，从外单位取得的凭证，如发票、飞机票和火车票等。图 2-3 为增值税普通发票样式。

增值税普通发票

发　票　联　　　　开票日期：　年　月　日

购买方	名称： 纳税人识别号： 地址、电话： 开户行及账号：		密码区				
货物或应税劳务、服务名称 合　计	规格型号	单位	数量	单价	金额	税率	税额
价税合计（大写）	（小写）						
销售方	名称： 纳税人识别号： 地址、电话： 开户行及账号：		备注				

复核：　　　　开票人：　　　　销售方：

图 2-3　增值税普通发票样式

（3）一次原始凭证

一次原始凭证是指只反映一项经济业务或若干项同类性质经济业务的原始凭证，其填制手续是一次完成的。

各种外来原始凭证都属于一次凭证，酒店内部的员工借款单、入库单等也同样是一次凭证。图 2-4 为某酒店员工的借款单样式。

借 款 单

No5001151

日期：　年　月　日

部　门		姓名	
借 款 事 由			
借 款 金 额	（大写）　拾　万　仟　佰　拾　元　角　分		
预计还款报销日期		¥	
审 批 意 见		借款人	

发据单位盖章　　　　会计：　　　　出纳：

①存根（白）②收据（红）③记账（蓝）

图 2-4　员工借款单

（4）累计原始凭证

累计原始凭证是指在一定时期内连续发生的同类经济业务的自制原始凭证，其填制手续是随着经济业务事项的发生而分次进行的，如限额领料单，如图 2-5 所示。

××有限公司

限额领料单

××年××月××日　　　　编号：

领料单位：　　　　用途：　　　　计划产量：

材料编号：　　　　名称规格：　　　　计量单位：

单价：　　　　消耗定额：　　　　领用限额：

××年		请领		实发				
月	日	数量	领料单位负责人	数量	累计	发料人	领料人	限额结余
累计实发金额（大写）：				¥				

图 2-5　限额领料单

（5）汇总原始凭证

汇总原始凭证是指根据一定时期内反映相同经济业务的多张原始凭证汇总编制而成的，用来集中反映某项经济业务的总体情况。如工资汇总表、发料凭证汇总表和现金收入汇总表等。图 2-6 为发料凭证汇总表样式。

发料凭证汇总表					
年　月　日					附单据 张
部门	材料名称	领用数量（千克）	计划单价	计划总额	
	A材料				
	B材料				
	小计				
合计					

财务主管　　　　制表人

图 2-6　发料凭证汇总表

2. 记账凭证

记账凭证是会计人员根据审核无误的原始凭证填制的，并按其经济业务的内容加以归类和整理，作为登记会计账簿依据的会计凭证。通常，根据用途不同可以划分为通用记账凭证和专用记账凭证，如图 2-7 所示。

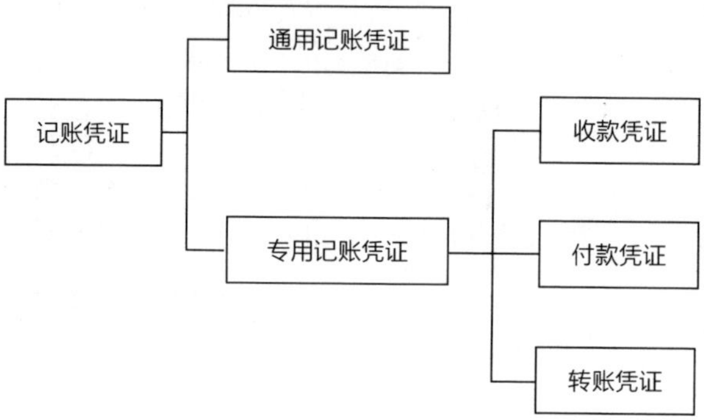

图 2-7　记账凭证分类

（1）通用记账凭证

通用记账凭证是指用来反映酒店所有业务的记账凭证，如图 2-8 所示。

记　账　凭　证

年　月　日　　　　记字第　　号

摘　要	总账科目	明细科目	记账	借方金额										记账	贷方金额									记账符号
			√	千	百	十	万	千	百	十	元	角	分	√	千	百	十	万	千	百	十	元	角	分	
合计																									

附件　张

会计主管　　记账　　出纳　　审核　　制单

图 2-8　通用记账凭证

（2）专用记账凭证

专用记账凭证是指用来分类反映经济业务的记账凭证，按其反映经济业务的内容不同，又分为收款凭证、付款凭证和转账凭证。

①收款凭证是指用于记录现金和银行存款收款业务的会计凭证，如图 2-9 所示。

收　款　凭　证　　出纳编号________

借方科目：　　年　月　日　　制单编号________

对方单位（或领款人）	摘要	贷方科目		金额										记账符号
		总账科目	明细科目	千	百	十	万	千	百	十	元	角	分	
		合计金额												

附凭证　张

会计主管　　记账　　出纳　　审核　　制单

图 2-9　收款凭证

②付款凭证是指用于记录现金和银行存款付款业务的会计凭证，如图 2-10 所示。

付　款　凭　证　　出纳编号________

贷方科目：　　年　月　日　　制单编号________

对方单位（或领款人）	摘要	借方科目		金额										记账符号
		总账科目	明细科目	千	百	十	万	千	百	十	元	角	分	
		合计金额												

附凭证　张

会计主管　　记账　　出纳　　审核　　制单

图 2-10　付款凭证

③转账凭证是指用于记录不涉及现金和银行存款业务的其他业务的会计凭证，如图 2-11 所示。

转　账　凭　证

年　月　日　　　　　　转字第　　号

摘　要	总账科目	明细科目	借方										贷方										记账符号
			千	百	十	万	千	百	十	元	角	分	千	百	十	万	千	百	十	元	角	分	
		合计金额																					

附凭证　张

会计主管　　记账　　出纳　　审核　　制单

图 2-11　转账凭证

2.2.2　会计凭证的填制与审核

酒店经营业务复杂，财务部门经常需要审核很多重要的单据，所以更有必要进行规范填制与审核。根据《会计基础工作规范》的要求，原始凭证的基本内容及填制规范见表 2-3。

表 2-3　原始凭证基本内容及填制规范

原始凭证	具体介绍
基本内容	①填制凭证的名称，如点菜单、采购单、领料单、销货单、出库单和收据等。 ②填制凭证的日期及编号。 ③接受凭证单位的名称。 ④经济业务的内容摘要。 ⑤经济业务的具体内容，如发货票要包括货品的品种、规格、数量、单价和金额等。 ⑥填制单位的名称和填制人签名或盖章，若是对外凭证，要有接受凭证单位的名称
填制规范	①必须如实记录经济业务的实际情况，如在凭证上填写日期、业务内容、数量和金额等内容时，必须与实际情况一致，以保证凭证上的内容真实可靠。 ②必须按规定格式和内容逐项填写齐全，有关人员必须签字或盖章，不得遗漏。 ③必须及时填制原始凭证，以保证经济业务记录的真实性、正确性和及时性。 ④一般情况下用蓝黑笔书写，内容要简明扼要，字迹要清楚。同时还需要遵循以下规范：不得使用未经国家公布的简化字；阿拉伯数字要逐字书写，不得连写；用阿拉伯数字表示金额时，应在数字前面填写人民币符号“¥”。 ⑤大小写金额数字要一致，填写正确。 ⑥为了方便查找凭证，需连续编号。在写坏作废时，应加盖“作废”戳记，全部保存，不得撕毁。 ⑦不得随意涂改、刮擦和挖补凭证，凭证填写错误应按规定更改，不得使用涂改液

对于原始凭证的审核，主要审核以下几方面的内容。

①审核内容和填制手续：审核凭证所记录的经济业务是否与实际情况相符；凭证基本内容是否填写齐全；文字和数字是否填写正确、清楚；有关人员是否签字盖章等。

②审核经济内容是否合理、合法：查看发生的经济业务是否符合国家的政策、法律规定，有无违反财经纪律等行为。

③其他：根据原始凭证的填写规范，审核原始凭证的摘要、数字及数量、单价和金额等是否填写正确，大、小写金额是否一致等。

2.2.3　会计账簿分类

设置和登记会计账簿是财务部门重要的会计核算工作，也是进行精细化管理的基础。会计账簿是依据会计凭证，对全部经济业务进行全面、系统、连续、分类的记录和核算的簿籍，是由专门格式并以一定形式联结在一起的账页所组成的。账簿可按照用途、账页格式和外形特征分为以下几类。

1. 按照用途分类

按照用途可以分为序时账簿、分类账簿和备查账簿三种。

（1）序时账簿

序时账簿也叫日记账，是按照经济业务发生或完成时间的先后顺序逐日逐笔进行登记的账簿。序时账按照其内容的不同又分为特种日记账与普通日记账两种。特种日记账是只将特定经济业务记入账簿，反映其详细情况的账簿，如现金日记账和银行存款日记账，其模板如图 2-12 和图 2-13 所示。

现 金 日 记 账

年		凭证		对方科目	摘要	收入（借方）									支出（贷方）									结余（余额）									核对
月	日	种类	号数			百	十	万	千	百	十	元	角	分	百	十	万	千	百	十	元	角	分	百	十	万	千	百	十	元	角	分	

图 2-12　现金日记账

银行存款日记账

开户行：

账 号：

年		凭证		对方科目	摘要	收入（借方）									支出（贷方）									结余（余额）									核对
月	日	种类	号数			百	十	万	千	百	十	元	角	分	百	十	万	千	百	十	元	角	分	百	十	万	千	百	十	元	角	分	

图 2-13　银行存款日记账

普通日记账是将企业每天全部的经济业务都按其先后顺序记入账簿，其模板如图 2-14 所示。

普通日记账

年		凭证		会计科目	摘要	借方金额	贷方金额	转账
月	日	字	号					

图 2-14　普通日记账

（2）分类账簿

分类账簿是对企业全部经济业务按照会计要素的具体类别而设置分类账户进行登记的账簿。按照核算指标的详细程度不同，分为总分类账和明细分类账，其模板如图 2-15 和图 2-16 所示。

（3）备查账簿

备查账簿又称辅助账簿，是对某些在序时账簿和分类账簿中都不予登记或登记不够详细的经济业务进行补充登记的账簿。它可以为某些经济业务的内容提供必要的参考资料，但不是一定要设置的，也没有固定的格式。

总　账

会计科目及编号名称：__________

年		记账凭证号数	摘要	页数	借方									贷方									借或贷	余额								
月	日				百	十	万	千	百	十	元	角	分	百	十	万	千	百	十	元	角	分		百	十	万	千	百	十	元	角	分

图 2-15　总分类账

__________明细账

年		记账凭证号数	摘要	计量单位	发票数量	实收数量	借方																								贷方								余额							
							发票价格								运杂费等								合计																							
月	日						十	万	千	百	十	元	角	分	十	万	千	百	十	元	角	分	十	万	千	百	十	元	角	分	十	万	千	百	十	元	角	分	十	万	千	百	十	元	角	分

图 2-16　明细分类账

2. 按照账页格式分类

按照账页格式划分，常见的有以下四种账簿。

（1）两栏式账簿

两栏式账簿只有借方和贷方，普通日记账通常采用此种形式。

（2）三栏式账簿

三栏式账簿设有借方、贷方和余额栏，适用于只进行金额核算的资本、债权和债务明细账。如酒店“预收账款”、“应付账款”和“实收资本”等账户的明细分类核算，其模板如图 2-17 所示。

（3）多栏式账簿

多栏式账簿是在账簿的两个基本栏借方和贷方的基础上，按照需要再分设若干个专栏的账簿。适用于酒店的各项经营收入、成本、费用和利润等明细账，其模板如图 2-18 所示。

__________明细账

年		记账凭证号数	摘要	页数	借方									贷方									借或贷	余额								
月	日				百	十	万	千	百	十	元	角	分	百	十	万	千	百	十	元	角	分		百	十	万	千	百	十	元	角	分

图 2-17　三栏式账簿

__________明细账

年		记账凭证号数	摘要	借方																					贷方																				借或贷	余额						
				合计							进项税额							已交税额							合计							销项税额							进项税额转出													
月	日			万	千	百	十	元	角	分	万	千	百	十	元	角	分	万	千	百	十	元	角	分	万	千	百	十	元	角	分	万	千	百	十	元	角	分	万	千	百	十	元	角		万	千	百	十	元	角	分

图 2-18　多栏式账簿

（4）数量金额式账簿

数量金额式账簿是在借方（或收入）、贷方（或发出）和余额（或结存）三个栏目内，分设数量、单价和金额三小栏，以反映财产物资的实物数量和价值量。如酒店“原材料”、“低值易耗品”和“固定资产”等账户的明细分类核算，其模板如图 2-19 所示。

__________明细账

存货仓名：________　　　规格：______　　　单位：________

年		记账凭证号数	摘要	页数	收入											发出											结存										
					数量	单价	金额									数量	单价	金额									数量	单价	金额								
月	日						百	十	万	千	百	十	元	角	分			百	十	万	千	百	十	元	角	分			百	十	万	千	百	十	元	角	分

图 2-19　数量金额式账簿

3. 按照外形特征分类

按照外形特征可以分为订本账、活页账和卡片账。

（1）订本账

订本账是将按照页码顺序编制的账页装订成册的账簿。这种账簿一般适用于重要的和具有统驭性的总分类账、现金日记账和银行存款日记账。

（2）活页账

活页账是将一定数量的账页置于活页夹内，根据记账内容的变化而随时增加或减少部分账页的账簿。活页账一般适用于明细分类账。

（3）卡片账

卡片账是将一定数量的卡片式账页放置于专设的卡片箱中，其账页也可以根据需要随时增减。一般只对固定资产明细账采用卡片账形式。

虽然账簿的形式多种多样，但一般都由封面、扉页和账页三部分组成，具体内容见表 2-4。

表 2-4　账簿的组成

组成	具体介绍
封面	封面主要标明账簿的名称，如总分类账簿、现金日记账、银行存款日记账等
扉页	扉页标明会计账簿的使用信息，如科目索引、账簿启用和经管人员一览表等
账页	账页是用来记录经济业务的载体，其格式不同，反映经济业务的内容也不同，但应当包括以下内容。 ①账户的名称及科目或明细科目。 ②登记账簿的日期。 ③记账凭证的种类和号数。 ④摘要栏：记录经济业务内容的简要说明。 ⑤金额栏：记录经济业务的增减变动和余额。 ⑥总页次和分户页次栏

2.2.4　登记会计账簿

登记会计账簿也是会计核算工作的重要环节，根据审核无误的记账凭证，按照统一会计制度规定的会计科目，运用复式记账法将经济业务序时、分类地登记到账簿中。登记会计账簿主要有四个方面的意义，如图 2-20 所示。

1. 系统、全面地反映企业财产物资和资金的增减变动情况，为经济管理提供系统且完整的会计资料
2. 账簿记录也为编制会计报表提供了重要资料
3. 账簿是考核经营成果、分析经济活动情况的重要依据
4. 可以有效发挥会计的监督职能

图 2-20　登记会计账簿的意义

登记会计账簿通常有以下两个步骤。

1. 启用会计账簿

启用会计账簿时，应当在账簿的相应位置记录以下相关信息。

①设置账簿的封面：除订本账不另设封面以外，各种活页账都应设置封面和封底，并登记单位名称、账簿名称和所属会计年度。

②登记账簿启用及经管人员一览表：在启用新的会计账簿时，应首先填写扉页上的“账簿启用及交接表”中的启用说明，其内容应包括单位名称、账簿名称、账簿编号、起止日期、单位负责人、主管会计和记账人员等项目，并加盖单位公章。在会计人员发生变更时，应办理交接手续并填写“账簿启用及交接表”中的交接说明。

③填写账户目录：总账应按照会计科目的编号顺序填写科目名称及启用页码。在启用活页式明细分类账时，应按照所属会计科目填写科目名称和页码。在年度结账后，撤去空白账页，填写使用页码。

2. 登记会计账簿

依据审核无误的会计凭证登记会计账簿。

为了保障账簿记录的正确性，在登记会计账簿时还需要遵循表 2-5 所示的要求。

表 2-5　登记会计账簿的要求

要求	具体介绍
及时完整	账簿登记的间隔时间一般越短越好，常见账簿登记时间如下。 （1）总账每日或隔几日登记，应结合实际情况进行确定。 （2）债权债务明细账和财产物资明细账应当每天登记，以便随时与对方单位结算，进行核对。 （3）库存现金日记账和银行存款日记账应当根据办理完毕的收付款凭证，随时逐笔按顺序登记，至少每日一次。 在登记会计账簿时还应将会计凭证的日期、编号、业务内容摘要、金额和其他有关资料记入账内。在账簿登记完毕后，还应在记账凭证上的“过账”栏内注明账簿的页数或作出记号，如打“√”等，表示已登记入账，以免重复登记或漏记，也便于查阅，同时在记账凭证上签名或盖章
连续登记	各种账簿应按事先编制的页码顺序连续登记，不得跳行、隔页。如发生类似情况，应将空行、空页画线注销，或注明“此行空白”或“此页空白”字样，并由记账人员签名或盖章。不得任意撕毁订本式账簿的账页，也不得任意抽换活页式或卡片式账簿的账页，防止舞弊
书写规范	账簿的书写要规范、整洁，在填写时应遵循以下规定。 （1）登记账簿时，必须用蓝黑墨水或碳素墨水钢笔书写，不得用铅笔或圆珠笔记账。用红色墨水登记账簿的情况主要有以下几种。 ①期末结账时，用红色墨水画红线。 ②错账更正时，用红色墨水画线更正，或者根据红字记账凭证登记冲销账簿记录。 ③在账簿登记发生跳行、隔页时，用红色墨水画对角线注销空行或空页，并由记账人员签章。 ④在借方多栏式或贷方多栏式明细账账页中，用红字登记减少数。 ⑤三栏式科目的余额栏前，如未注明余额方向，在余额栏内用红字登记负数余额。 （2）“摘要”栏的填写应如实反映经济业务实际情况，内容需简明扼要，确保账簿记录便于日后的查阅与核对。 （3）“金额”栏的数字应当用阿拉伯数字书写，并与账页上标明的位数对准；在一些未标明位数的明细账上，可在金额中加上“分节号”。书写的数字和文字的大小一般占格距的二分之一，以保证账簿的清晰、整洁和美观，并为更正错误预留空间。 （4）记账中如发现账簿记录错误，应根据不同的错误情况，按照规定的错账更正方法予以更正，不得刮擦、涂改、挖补或用褪色药水消除字迹，以防篡改和舞弊。 （5）每一账页登记完毕结转下页时，应当结出本页合计数及余额，写在本页最后一行的对应栏内，在摘要栏内注明“过次页”字样；在下页第一行对应栏内应抄列上页的合计数及余额，并在摘要栏内注明“承前页”字样；也可以将本页合计数及余额只写在下页第一行对应栏内，并在摘要栏内注明“承前页”字样

拓展贴士 账簿登记规则

总分类账及明细分类账应按“平行登记”规则进行登记，即对所发生的每项经济业务都要以会计凭证为依据，一方面记入有关总分类账户；另一方面记入所辖明细分类账户的方法。总分类账户与明细分类账户平行登记的要点如下。

①方向相同。在总分类账户及其所属明细分类账户中登记同一项经济业务时，方向要相同。即在总分类账户中记入借方，在所属的明细分类账户中也应记入借方。

②期间一致。发生的经济业务，记入总分类账户和所属明细分类账户的具体时间可以有先后，但应在同一个会计期间记入。

③金额相等。记入总分类账户的金额必须与记入其所属的一个或几个明细分类账户的金额合计数相等。

2.2.5 错账更正方法

在填制凭证和登记会计账簿的时候难免会发生一些错误，需要进行更正，但不能随意更正。那么如果登记错误该如何修正呢？更正错账的方法通常有画线更正法、红字更正法和补充登记法三种。

1. 画线更正法

画线更正法适用于在结账以前，如果发现账簿记录有错误，但记账凭证无误，仅是记账时文字或数字上的笔误，应采用画线更正法。

对于记账时文字或数字记录错误的，其更正的方法是先将错误的文字或数字用一条红色横线画去，表示注销；再在画线的上方用蓝色字迹写上正确的文字或数字，并在画线处加盖更正人名章，以明确责任。但要注意，画掉错误数字时，应将整笔数字画掉，不能只画掉其中一个或几个写错的数字，并保持被画去的字迹仍可清晰辨认。

2. 红字更正法

红字更正法是指因记账凭证错误导致账簿记录发生错误，通过红字冲销原记账凭证以更正账簿记录的一种方法。红字更正法适用于以下两种情况。

①记账以后，若发现账簿记录的错误是因记账凭证中的应借、应贷会

计科目或记账方向有错误所致，更正的方法如下：先用红字金额填写一张会计科目和记账方向与原错误记账凭证完全相同的记账凭证，在“摘要”栏中写明“冲销错账”及错误凭证的号数和日期，并据以用红字登记入账，以冲销原来错误的账簿记录；再用蓝字或黑字填写一张正确的记账凭证，在“摘要”栏中写明“更正错账”及错误凭证的号数和日期，并据以用蓝字或黑字登记入账。

②记账以后，若发现记账凭证和账簿记录的金额有错误（所记金额大于应记的正确金额），而应借、应贷的会计科目没有错误。

金额多记的更正方法如下：先将多记的金额用红字填制一张记账凭证，而应借、应贷会计科目与原错误记账凭证相同，在“摘要”栏中写明“冲销多记金额”及原错误记账凭证的号数和日期，并据以登记入账，以冲销多记的金额。

3. 补充登记法

补充登记法适用于在记账以后，发现记账凭证和账簿记录的金额有错误（所记金额小于应记的正确金额），而应借、应贷的会计科目没有错误。

金额少记的更正方法如下：先将少记的金额用蓝字或黑字填制一张应借、应贷会计科目与原错误记账凭证相同的记账凭证，在“摘要”栏中写明“补充少记金额”及原错误记账凭证的号数和日期，并据以登记入账，以补充登记少记金额。

下面来看一个案例。

实用范例　账簿登记错误怎么办

某酒店购入行政管理部门所用办公用品共花费 2 700.00 元，货款用银行存款支付。在填制记账凭证时，会计人员误将其记入“库存现金”科目，并已登记入账，其错误记账凭证涉及的会计分录如下所示。

借：管理费用　　　　　　　　　　2 700.00

　　贷：库存现金　　　　　　　　　　2 700.00

由此可以看出该项错误是会计凭证的登记错误而导致账簿记录发生错误，

故应使用红字更正法。该项业务的会计分录贷记科目应为“银行存款”。在更正时，需要用红字金额填制一张与原来一样的记账凭证，并据以登记入账，以冲销原错误的账簿记录。再用蓝字或黑字填制一张正确的记账凭证，并据以登记入账，其正确会计分录如下所示。

借：管理费用　　　　2 700.00

　贷：银行存款　　　　2 700.00

2.2.6 会计资料的管理

会计资料的重要性使得财会人员需要按照要求进行管理。会计资料的保管期限分为永久和定期两类，其中定期一般分为10年和30年，具体内容见表2-6。

表2-6 会计档案的保管年限

序号	档案名称	保管期限
一	会计凭证	
1	原始凭证	30年
2	记账凭证	30年
二	会计账簿	
3	总账	30年
4	明细账	30年
5	日记账	30年
6	固定资产卡片	报废清理后再保管5年
7	其他辅助性账簿	30年
三	财务会计报告	
8	月度、季度、半年度财务会计报告	10年
9	年度财务会计报告	永久
四	其他会计资料	
10	银行存款余额调节表	10年
11	银行对账单	10年
12	纳税申报表	10年

续上表

序号	档案名称	保管期限
13	会计档案移交清册	30 年
14	会计档案保管清册	永久
15	会计档案销毁清册	永久
16	会计档案鉴定意见书	永久

2.3　酒店会计服务规范

会计业务是酒店财务部门最基本的业务，进行精细化管理也离不开规范会计日常工作程序。

2.3.1　会计工作流程

会计工作处理流程通常有以下六个步骤，如图 2-21 所示。

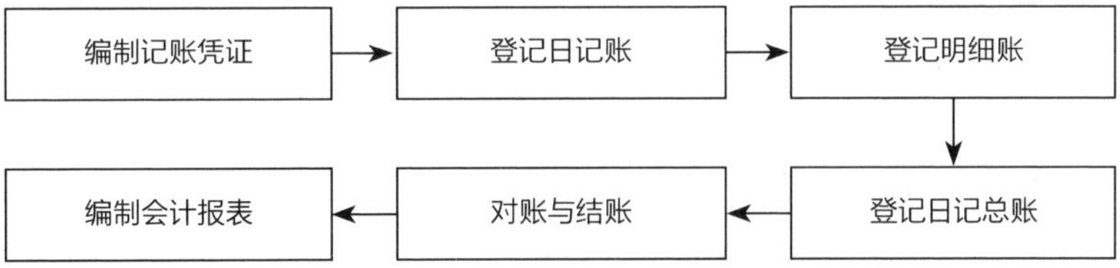

图 2-21　会计工作流程

第一步：编制记账凭证。首先需要将原始凭证汇总，编制成原始凭证汇总表，再根据审核无误的原始凭证编制记账凭证。

第二步：登记日记账。根据收款凭证和付款凭证登记现金日记账和银行存款日记账。

第三步：登记明细账。根据记账凭证及有关原始凭证登记明细分类账，可根据业务的不同采取不同的明细账，如三栏式、多栏式和数量金额式等。

第四步：登记日记总账。根据记账凭证逐笔登记日记总账。

第五步：对账与结账。将日记账明细账与总账进行核对，主要核对总账各账户的余额是否正确、总账与明细账是否正确一致、总账与日记账是否正确一致。对账方法主要包括账证核对、账账核对和账实核对三种，见表 2-7。

表 2-7　对账方法

方法	具体介绍
账证核对	账证核对是指将各种账簿的记录与有关会计凭证进行核对
账账核对	账账核对是指将各种账簿之间的有关数字进行核对，主要包括以下三方面的内容。 ①核对总分类账各账户本月借方发生额合计数与贷方发生额合计数是否相等；期末借方余额合计数与贷方余额合计数是否相等。 ②各明细分类账的本期借、贷方发生额合计数及期末余额合计数与总分类账应分别核对相符，以检查各明细分类账的登记是否正确 ③现金日记账和银行存款日记账的本期借、贷方发生额合计数及期末余额合计数与总分类账应该分别核对相符，以检查日记账的登记是否正确
账实核对	账实核对是指各种财产物资的账面余额与实存数额相核对，包括以下四方面的内容。 ①现金日记账账面余额与实地盘点的库存现金实有数相核对。 ②银行存款日记账账面余额与开户银行账目（银行对账单）相核对。 ③各种财产物资明细分类账的账面余额与其清查盘点后的实存数相核对，检查是否一致。 ④各种应收、应付款明细分类账账面余额与有关债务、债权单位的账目相核对。 值得注意的是，账实核对一般是通过财产清查进行的

在对账完成后就需要进行结账工作了。结账时，不同的账户记录应分别采用不同的方法，结账通常有以下三种方法，见表 2-8。

表 2-8　结账方法

方法	具体介绍
月结	在每月结账时，应在各账户本月最后一笔记录下面画一条通栏红线，表示本月结束；然后在红线下面结出本月发生额和月末余额，如果没有余额，在余额栏内写上“平”或“0”符号。同时，在摘要栏内注明“本月合计”或“×× 月发生额及余额”字样，最后，再在下面画一条通栏红线，表示完成月结工作
季结	季结就是按照季度结算，与月结的方法基本相同，只不过要在摘要栏内注明“本季合计”或“第 × 季度发生额及余额”字样
年结	年结是在年底进行结账，主要有以下三个步骤。 ①在办理年结时，应在当年 12 月的月结下面（需办理季结的，应在第四季度的季结下面）结算，填列全年 12 个月的发生额和年末余额，如果没有余额，则在余额栏内写上“平”或“0”符号，并在摘要栏内注明“本年合计”或“年度发生额及余额”字样。 ②将年末借（贷）方余额再列入下一行的贷（借）方栏内，在摘要栏内注明“结转下年”字样。 ③分别加计借贷方合计数，并在合计数下面画通栏双红线表示封账，完成年结工作

第六步：编制会计报表。由会计人员根据日记总账与明细账编制会计报表，经会计主管审核后再报财务经理审核。

2.3.2　会计常用文书

财务文书是针对行政机关、企事业单位及其他社会组织等机构的各种财务状况及经济活动的书面报告。会计类文书也属于财务文书的一种，常见的会计类文书有财务状况说明书、会计工作交接书和财务分析报告，下面就来一一介绍。

1. 财务状况说明书

财务状况说明书是对企业一定时期（通常为一年）财务、成本等情况进行分析、总结所作的书面文字说明，是会计报表的补充，也是决算报告的组成部分。通常包括以下项目。

①企业基本情况。

②生产经营情况分析。

③企业经济效益分析。

④现金流情况分析。

⑤所有者权益变动情况分析。

⑥重大事项说明。

⑦风险及内控管理情况。

⑧问题整改情况。

⑨有关工作建议。

下面来看财务状况说明书的具体内容，见表 2-9。

表 2-9　财务状况说明书内容

项目	具体内容
企业基本情况	企业资产、负债、所有者权益总额、结构和年度变化情况及原因分析；企业户数变化情况，包括合并范围子企业户数、金融子企业、境外子企业与所属上市公司户数，未纳入合并范围户数及原因；企业低效及无效资产清理情况；企业职工人数及人工成本、薪酬水平等基本情况

续上表

项目	具体内容
生产经营情况分析	①企业主营业务范围及经营规模、行业分布等情况分析。 ②按主要业务板块分析本年度生产经营情况，包括主要产品的产量、业务量、销售量（出口额、进口额）的增减变化和原因分析，各主要业务板块收入及毛利占企业集团总收入的比重，所处行业中的地位及发展趋势；宏观经济政策产生的影响。 ③其他业务收支增减变化及原因分析。 ④生产经营中面临的困难与挑战
企业经济效益分析	①企业盈利情况分析，包括盈利结构，各业务板块效益贡献，效益增减变化的主要原因。 ②成本费用变动的主要因素，包括原材料费用、能源费用、工资性支出、借款利率调整对效益的影响。 ③税负调整对效益的影响，包括有关税种和税率调整、享受税收优惠政策退税返还等。 ④会计政策、会计估计变更的原因及其对效益的影响。 ⑤本年度项目开发、高风险业务投资及损益情况，包括委托理财、股票投资、基金投资、金融衍生业务，分析对企业效益及财务风险的影响程度。 ⑥亏损企业户数、亏损面、亏损额及原因。 ⑦企业净资产收益率、总资产报酬率等盈利能力相关指标的年度间对比分析和行业对标
现金流情况分析	①经营、投资、筹资活动产生的现金流入和流出情况。 ②与上年度现金流量情况进行比较分析，包括现金流规模和结构，流入的主要来源（经营活动、投资活动或筹资活动），流出的主要用途（经营活动、投资活动或筹资活动），分析盈余现金保障倍数、现金流动负债比率、资产现金回收率等指标并与行业对标。 ③对企业本年度现金流产生重大影响的事项说明
所有者权益变动情况分析	①会计处理追溯调整影响年初所有者权益（股东权益）的变动情况及原因。 ②所有者权益（股东权益）本年初与上年末因其他原因变动情况及原因。 ③所有者权益（股东权益）本年度内经营因素增减情况及原因
重大事项说明	对企业利润分配、资产重组、债务重组、兼并收购、改制上市、重大投融资、重大资产处置、股权（产权）转让及资产损失情况、大额套期保值业务情况、融资性贸易业务和“空转”“走单”等虚假贸易业务情况等重大事项进行详细说明和分析
风险及内控管理情况	①风险治理和内控管理的组织架构及相关职能部门运转情况。 ②风险和内控管理制度及实施情况
问题整改情况	企业对有关方面的检查、审计等监管工作中发现问题的整改落实情况及拟采取的主要措施
有关工作建议	对改进财务会计决算工作的有关工作建议

2. 会计工作交接书

会计工作交接是指会计人员工作调动或因故离职时，与接替人员办理交接手续的一种工作程序。每个酒店的会计工作交接书格式可能有所差异，下面来看一个范本，以供参考。

实用范例　会计工作交接书范本

移交方：×××

接收方：×××

交接日期：20×× 年 ×× 月 ×× 日

移交人 ××× 因 ______，经财务部门决定，将其担任的会计工作移交给 ______ 接替。现按规定，办理如下交接事项。

一、经点交无误的印鉴

1. 财务专用章 ___ 枚。

2. 财务负责人章 ___ 枚。

3. 发票专用章 ___ 枚。

二、银行存款及现金存款

1. 截至 20×× 年 ×× 月 ×× 日银行对账单（传真）显示实际余额为人民币 ___ 元（大写：___），经编制"银行存款余额调节表"核对相符。

2. 截至 20×× 年 ×× 月 ×× 日现金存款实际余额为人民币 ___ 元（大写：___）。实存相符，月记账余额与总账相符。

三、支票

1. 截至 20×× 年 ×× 月 ×× 日，空白现金支票 ___ 张（自 ___ 号至 ___ 号）。

2. 截至 20×× 年 ×× 月 ×× 日，空白转账支票 ___ 张（自 ___ 号至 ___ 号）。

四、发票张数及起始号码

截至 20×× 年 ×× 月 ×× 日，增值税发票剩余 ___ 张（自 ___ 号至 ___ 号）。

五、会计账簿、凭证及报表

1. 20×× 年度总分类账和各类明细账共 ___ 本。

2. 20×× 年度会计凭证共 ___ 册。

3. 20×× 年报表共 ___ 份。

4. 本年度现金日记账 ___ 本。

5. 本年度银行存款日记账 ___ 本。

6. 银行对账单共 ___ 本。

六、会计档案

1. ×× 年至 ×× 年度各种会计账簿共 ___ 本。

2. ×× 年至 ×× 年度会计凭证共计 ___ 册。

七、移交的账簿及金额事项

1. 银行存款明细账

2. 现金明细账

3. 应收账款明细账 ___ 本，截至 20×× 年 ×× 月 ×× 日，应收人民币 ___ 元。

4. 应付账款明细账 ___ 本，截至 20×× 年 ×× 月 ×× 日，应付人民币 ___ 元。

八、截至移交日，凡应登记的账簿已登记完，并在明细账最后一笔余额之处加盖了移交人印章。

九、对采购材料涉及的经济合同登记簿中已履行合同与未履行的合同，均按顺序逐笔交代清楚，采购合同的印花税，也已全部缴纳。

十、保管期内材料采购人入库单和出库单的存根已装订成册，编号为材字第 × 册至第 × 册，共 ×× 册（按月份装订，保存期 × 年），经点收无误。

十一、本月末各种材料明细账记载的库存数量、金额，经与总账、仓库保管账核对，都完全相符。

十二、移交人对会计核算程序、工作中应注意的问题、分析计算程序等，在移交过程中已向接替人做了详细介绍。

十三、交接日期：20×× 年 ×× 月 ×× 日，20×× 年 ×× 月 ×× 日起的会计工作由 ___ 负责。以上移交事项均经交接双方认定无误。

十四、本交接书一式三份，移交人、接管人和监交人各持一份。

移交方签字：　　　　接收方签字：　　　　监交人签字：

酒店财务处（公章）

酒店（公章）

日期：20×× 年 ×× 月 ×× 日

3. 财务分析报告

财务分析报告是企业依据会计报表及财务活动所提供的重要信息，运用一定的科学分析方法，对企业的经营特征、利润实现及其分配情况、资金增减变动和周转利用情况、税金缴纳情况、存货和固定资产等主要财产物资的盘盈、盘亏、毁损等变动情况及对本期或下期财务状况将发生重大影响的事项作出客观、全面、系统的分析和评价，并进行必要的科学预测而形成的书面报告。

按照不同的划分方式可以分为不同类型的财务分析报告，具体见表 2-10。

表 2-10　财务报告的分类

划分依据	具体介绍
财务分析内容和范围	根据财务分析内容和范围的不同，可以分为综合分析报告、专题分析报告和简要分析报告。 ①综合分析报告又称全面分析报告，是企业依据资产负债表、利润表、现金流量表、会计报表附表、会计报表附注及财务情况说明书、财务和经济活动所提供的重要信息及其内在联系，作出客观、全面、系统的分析和评价，并进行必要的科学预测而形成的书面报告。 ②专题分析报告又称单项分析报告，是指针对企业某一时期经营管理中的某些关键问题、重大经济措施或薄弱环节等进行专门分析后形成的书面报告。专题分析的内容很多，如关于清理积压库存，处理逾期应收账款的经验，对资金、成本、费用、利润等方面的预测分析等，从而为各级领导做出决策提供现实依据。 ③简要分析报告是对企业在某一时期的主要经济指标、存在的问题或比较突出的问题进行概要分析而形成的书面报告
财务分析时间	根据财务分析的时间不同，可以分为定期分析报告与不定期分析报告。 ①定期分析报告一般是由上级主管部门或企业内部规定的每隔一段相等的时间应予编制和上报的财务分析报告，如半年、年末编制的综合财务分析报告。 ②不定期分析报告是根据企业实际经营的需要，不做时间规定而编制的财务分析报告，如专题分析报告

不同的酒店其财务分析报告格式也有差异，下面来看某酒店的财务分析报告，可供参考。

实用范例　**某酒店综合分析报告**

20×× 年，我部门积极吸收国内外的先进经营理念，坚持创新，巩固现有市场，同时也大力开拓新市场，深化管理体制改革，调整服务模式，进一步完善了企业的经营机制。全年实现销售收入总额 ___ 万元人民币，同比增长 ___% 以上，为酒店的进一步发展夯实了基础。

一、酒店的经营现状

20×× 年，产品与服务销售总额达 ___ 万元，比去年增加 ___ 万元，费用成本消耗为 ___ 万元，与去年基本持平，全面实现利润收入 ___ 万元，同比增长 ___%。目前，酒店工作以 ___ 销售为主，争取下一年在同类企业中占有 ___% 的市场份额。

二、酒店的财务状况分析

根据酒店的各项财务报表数据，计算出具体财务指标如下。

（1）财务收益情况

①净资产收益率为 ___%。

②总资产收益率为 ___%。

③销售利润率为 ___%。

④成本费用利润率为 ___%。

（2）资本运营情况

①总资产周转率为 ___，即 ___ 天。

②流动资产周转率为 ___，即 ___ 天。

③存货周转率为 ___，即 ___ 天。

④应收账款周转率为 ___，即 ___ 天。

（3）债务清偿能力情况

①资产负债比率为 ___%。

②速动比率为 ___%。

（4）酒店发展能力情况

①销售增长率为 ___%。

②资本积累率为 ___%。

③三年内销售平均增长率为 ___%。

④三年内资本平均增长率为 ___%。

⑤技术投入比率为 ___%。

（5）数据指标分析情况

①酒店投资得到了较高的回报，经营业绩良好，企业的综合管理能力比较强。

②固定资产比例过大，延缓了资产的周转速度，经营风险加大；库存量较大，造成库存货物周转缓慢，库存成本上升。

③债务清偿能力较强，相应的债务风险很低，财务安全性较高。

④经营规模正在逐步增长，势头良好。

三、存在的问题及解决建议

尽管酒店现在的经营效益良好，但是也存在以下一些问题。

①资产结构不合理，加大了酒店的经营风险。应采取有效措施，提高固定资产的利用率，从而降低经营杠杆系数，降低企业所面临的潜在经营风险。

②库存货物量过大，造成库存货物周转缓慢，增加了库存成本。应加强仓储管理，制定有效的预算制度，严格控制货物的存储量，节约库存成本。

③酒店的资本积累量较小，影响企业的进一步扩大与发展。应适当调整酒店收入的分配制度，增加资本的积累量，提高资本实力，增强举债能力，实现企业规模化发展。

综上所述，酒店发展前景良好，但存在的问题也不容忽视。今后，酒店要进一步发展，必须增加新技术、拓展新服务、实现多种经营及优化内部控制与管理。

2.3.3　会计服务质量提升

会计工作质量的高低影响着财务信息的真实性与完整性，进而也会影响财务部门的精细化管理水平，所以财务部门需要不断提升会计服务质量，可以从以下几个方面出发。

1. 加强基础会计工作

基础会计工作是会计工作的重要环节，提升服务质量也需要加强基础会计工作。财务部门可以定期组织会计人员学习相关规章制度，熟悉和掌握各种法律、法规，扎实做好会计基础工作，为财务精细化管理提供真实、完整且准确的会计资料。

2. 加强内部控制建设

内部控制贯穿企业决策、执行和监督的全过程，内部控制的系统性能够更加全面地保障基础会计工作有序进行，同时也有利于发挥会计的监督职能。

3. 提高会计人员职业道德与素质

加强会计工作质量也离不开对会计人员的管理，可以从以下几个方面出发加强会计队伍的建设，全面提高会计人员的素质。

①增强会计人员的职业法律意识，规范会计人员工作行为，提高其会计职业道德水平。

②加强对违反职业道德规范的处理，约束会计人员的职业行为。

③切实加强对会计人员的继续教育，提高会计人员的专业素养。

④健全对会计人员的培养机制，留住优秀人才。

4. 实行会计工作奖惩制度

建立会计基础工作奖励机制，完善奖惩制度，对会计人员进行考核，促进会计基础工作的健康发展。同时，有效激励会计人员提高工作效率。

5. 健全酒店会计制度

企业会计制度是开展会计工作的前提，完善会计制度可以保证会计工作的秩序及会计工作质量，同时还可以使会计人员有章可依，进一步规范会计人员的行为，提高服务质量。

第3章

完善收银业务规范及内控管理

收银业务规范与否关乎着酒店能否正确核算经营收入，规范的收银程序能够提高酒店经营收入核算的准确性与效率。此外，精细化管理也离不开健全的内部控制制度，完善的内部控制制度是精细化管理的保障。

3.1 收银处岗位设置与职责描述

财务工作专业化分工是进行精细化管理的前提，所以对财务部进行精细化管理，离不开对各岗位的明确分工。收银处作为酒店财务部门的一部分，根据服务对象的不同又可以划分为不同的收银岗位，其职责也有差异。

3.1.1 前厅收银处及岗位职责

前厅代表着酒店的“门面”，从财务的角度来看，出于财务安全的考虑，规范前厅的收银工作也是非常重要的。前厅收银处常设岗位有收银领班与其他收银人员，其职责如下所述。

（1）前厅收银领班

收银领班主要是在收银主管的领导下，负责前厅的日常管理工作，具体工作职责见表 3-1。

表 3-1　前厅收银领班的职责

工作职责	具体介绍
检查前厅各项账表、凭据等	①检查各班次收银员现金的上交和保管情况。 ②检查收银员备用金的使用情况。 ③负责前厅发票的保管，监督审核每日账单，同时检查各账单是否有相关的凭证支撑。 ④对丢失账单等问题要查清原因并及时向收银主管汇报
管理前厅收银设备	①检查收银员对电脑、打印机、计算器和 POS 机等设备的使用、维护及保养状况。 ②管理保险箱
检查前厅账款结算	①每日检查客人消费超额情况，及时向收银主管报告。 ②及时掌握客人的付款状况，检查各旅行社、长包房及各记账单位的账务结算是否正确。 ③每日检查顾客的未结账状况，并及时向上级领导汇报。 ④负责酒店前厅现金结算的零钞兑换
保管前厅收银资料	①领取、发放和回收酒店代金券等。 ②负责前台收银的各种单据、资料与合同的整理及归档
管理前厅收银人员及其他工作	①检查收银员的仪容仪表。 ②负责前厅收银员的排班、考勤和调班等事项。 ③监督、指导、考核下属员工，及时提出奖惩意见。 ④协助做好下属人员的培训工作。 ⑤负责管理前厅收银处的安全、卫生。 ⑥定期向上级领导汇报工作

（2）前厅收银人员

前厅收银人员主要是在收银领班的管理下，做好酒店客人的房间预订和账款结算工作，其岗位职责可参考以下内容。

①服从总台领班的工作安排，严格遵守酒店各项制度和操作程序，按规定的程序与标准向宾客提供接待服务。

②做好班前准备，认真检查电脑、打印机、计算器、验钞机、POS 机、扫描仪等设备工作是否正常，并做好清洁保养工作。

③及时掌握客房情况，了解当天客人预订情况及会议、宴会通知等，确认其付款方式，以保证准确无误地进行结账。

④快速、准确地为客人办理入住、换房及退房等手续，并做好客人验

证手续和登记。

⑤准确熟练地收点客人现金、支票，打印客人各项收费账单，及时、准确地为客人结账，并根据客人的合理要求开具发票。

⑥核对每日收入的款项与各票据内容是否相符，并按不同币种、不同票据分别填写在缴款袋上。

⑦妥善处理客人的投诉，不能解决时及时请示上级主管。

⑧严格遵守现金和票据管理制度，备用金不得以白条抵库，未经批准，不得将现金借给任何部门和个人。在办理信用卡和支票结账业务时，必须严格按照信用卡、支票操作程序执行。

⑨每天整理离店账未平客人的账目，对异常情况向领导进行汇报。

⑩密切注意酒店大堂的情况，如有异常，及时向上级主管汇报。

3.1.2　餐厅收银处及岗位职责

餐厅收入是酒店主要的经济来源之一，设置餐厅收银处对于提高酒店的经济效益来说有着非常重要的作用。与前厅一样，餐厅处常设岗位也包括收银领班与收银人员，其岗位职责如下。

（1）餐厅收银领班

餐厅收银领班是餐厅的基层管理人员，负责餐厅的日常管理工作，其主要工作职责可参考以下内容。

①接受大堂经理的领导，服从大堂经理的管理，管理好餐厅收银员。

②负责对餐厅业务、人员等日常工作的策划、组织、安排和考勤等。

③督促餐厅员工执行餐厅制定的各项操作规程。

④了解当日的客人情况与用餐要求。

⑤检查餐厅服务员的仪容仪表，督促服务员按规定做好开餐前的清洁工作及各物品的补充等准备工作。

⑥负责与厨房协调，保证按时按质出菜，同时也要督促服务员按要求向顾客提供服务。

⑦定期检查餐厅设备、餐具等物品，如发现问题及时向经理汇报，确保及时维修。

⑧协助经理对员工进行业务培训，提高员工专业知识和服务技能，培养下属员工的服务意识。

⑨负责餐厅各项指标的落实，掌握餐厅的客源构成、消费能力及特点。

⑩随时关注餐位的使用情况，尽量减少顾客等候时间。

⑪询问顾客对餐厅的意见，处理顾客投诉并向经理汇报。

（2）餐厅收银人员

餐厅收银人员要在收银领班的带领下，做好餐厅收银工作，其具体职责可参考以下内容。

①按时上下班，着工作服进入岗位。

②保持工作区域的环境卫生，做好电脑、计算器和验钞机的清洁保养工作。

③做好交接工作和班前准备工作。

④迅速准确地收银，结账不出差错，掌握不同结算方式的处理方法。

⑤如遇有不能解决的问题，如长、短款等情况应立即上报。

⑥每班营业结束时，准确无误地编制收银人员收入明细报表。

⑦严格执行财务手续，保证备用金完整，不得多开发票。

⑧现金收入票据等经核实无误后，封入缴款袋交到总台收银，并做好记录。

3.1.3 康乐服务收银处及岗位职责

康乐服务处是为酒店客人提供各项休闲娱乐活动的部门，是酒店常见的经营业务，也是酒店收入的主要来源之一，其收银岗位的职责可参考以下内容。

①严格遵守酒店的各项规章制度、服从领导的工作安排。

②熟悉本工作区域的各项服务与收费标准及各项设施、设备的使用。

③认真填写各种票据，确保票据齐全、清晰、准确。

④快速、准确地收取钱款，为顾客提供良好的服务，回答顾客咨询的问题。

⑤负责服务区域内的清洁、客用品的更换与补充工作。

⑥协助仓管做好物品领用及盘点工作。

⑦严格遵守唱收唱付的原则。

⑧负责收款台的安全工作，无关人员不得进入收款台。

⑨及时了解和掌握娱乐设施的使用情况，准确及时登记。

⑩为顾客提供良好的服务，回答顾客咨询的问题，严格遵守礼貌用语。

⑪确保收银动作的规范化、标准化，提高收银速度和准确性。

3.2　收银业务服务标准

收银业务是酒店财务部门重要的工作之一，精细化管理收银处各项业务，有利于提升财务部门工作效率。

3.2.1　收银处服务规范

收银处总的服务流程包括做好准备工作→进行账款结算→结束收银这三个环节，具体介绍如下。

1. 准备工作

收银处在开展收银工作前需要做好以下准备工作，以提升工作效率，也有利于应对一些突发状况。

①整理好收银工作台，检查收银机能否正常使用。

②与收银领班一起清点备用金及其他款项，确保款项正确。

③查看工作交接本，了解是否有遗留问题需要解决。

2. 账款结算

不同的结算方式，其结算流程也不一样，目前常见且流程最便捷的结算方式主要有扫码移动支付和平台支付等网络支付方式，另外也有部分信用卡结算或挂账结算，甚至还有少量的现金支付。虽然有些结算方式如今已变得不再主流，但收银处还是需要对其结算流程有所了解。

现金结算流程如图 3-1 所示。

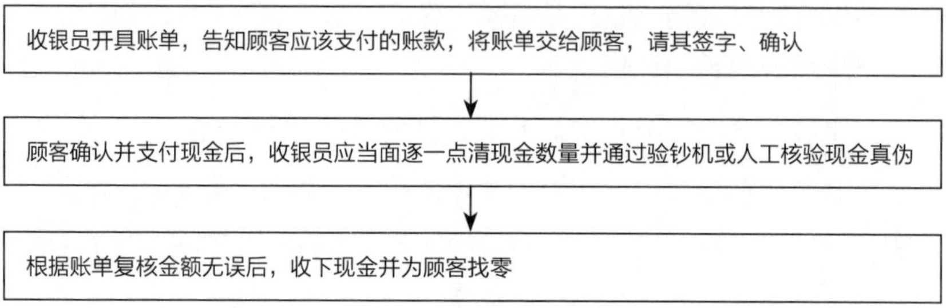

图 3-1 现金结算流程

顾客用信用卡支付时，收银员可按照以下流程进行结算。

①核对信用卡信息。收银员应核对信用卡相关信息。如信用卡是否在本酒店的接受范围之内；信用卡正反面是否有疑点，如大小、图案、背面的签名是否有涂改等情况；信用卡的起止日期是否有效。

②办理刷卡。核对信用卡有效后，将信用卡插 POS 机卡槽（芯片卡）或刷卡（磁条卡），输入消费金额，根据 POS 机界面提示引导顾客操作，如提示顾客输入密码或签名。

③请顾客在签购单上签字。待 POS 机打印签购单后，将签购单交给顾客签字。

④核对签名是否一致。核对签购单上的顾客签名与信用卡背面的签名是否一致。

⑤将信用卡还给顾客。办理完结算手续后，将信用卡递送给顾客，取下签购单持卡人联和盖有“付讫章”的消费明细单客户联，将其订在一起后递送给顾客。

顾客提出用支票结算的，收银员应先查验支票，辨别支票的真伪，检查支票是否过期及支票上的印鉴是否清楚、完整等。在查验无误后，使用黑色签字笔或黑色墨水笔填写支票，填写内容包括酒店名称、日期、客人消费金额和项目等，并请顾客在相应的位置签名，最后将顾客的姓名和证件号码抄录在记录本上，将证件归还给顾客。

顾客采用挂账方式进行结算的，收银员应先确认其是住店顾客还是非住店顾客。

若是住店顾客，可按照以下程序进行结算，如图 3-2 所示。

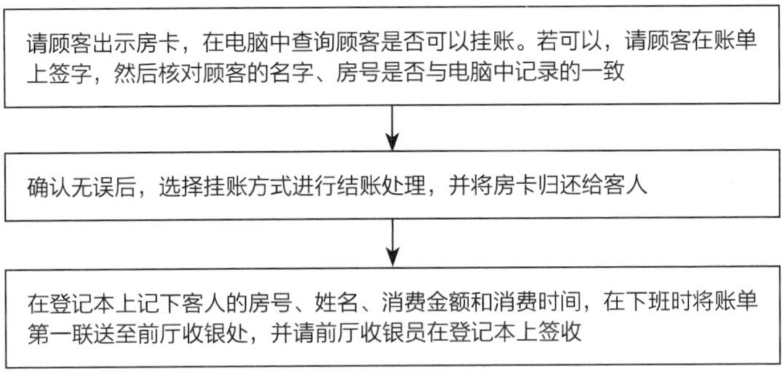

图 3-2　住店顾客挂账流程

若是非住店顾客，需要根据不同的情况进行处理，如图 3-3 所示。

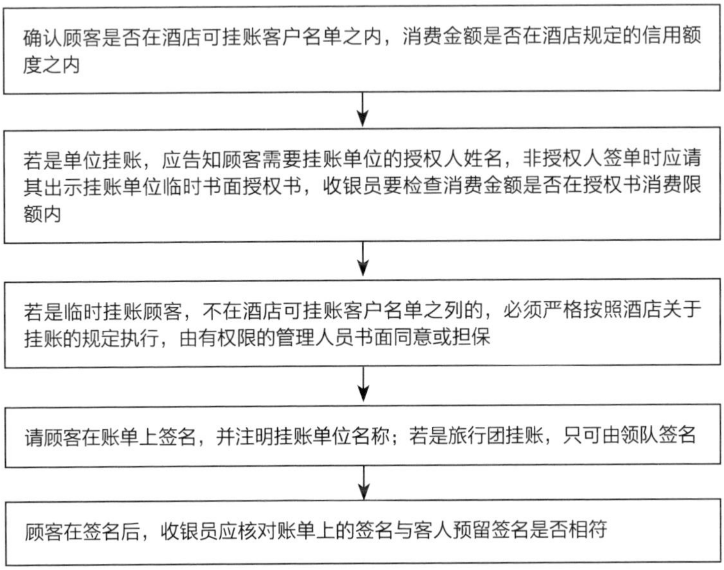

图 3-3　非住店顾客挂账流程

3. 结束收银

在结完账款之后，收银工作并没有真正结束，收银员还需要做好以下工作事项。

①清点当班取得的现金、支票和信用卡款项等，将其填入日报表，根据电脑中的营业收入和账单营业收入逐张清点，确保各种款项收付正确。

②逐项填写现金袋上的项目，并将日报表的财务联和现金、支票、信用卡及挂账授权书（非授权人签单时出具的）等一起放入袋内，在接班收银员或夜审员的监督下，将现金袋放入保险箱内。

③将用过的账单、日报表等整理好，放在指定位置，供夜审审核。

④对于未使用过的账单，要检查一下与已使用过的账单最后一页是否有连号，检查无误后，若下一班次继续使用，在领用栏内签字办理交接手续；当天工作结束，应将未使用的账单退回领班处并办理退回签字手续。

3.2.2　预付款服务规范

收银人员在实际收银工作中，还会遇到收取或退还预付款项的情况，那么该如何处理呢？可参考以下流程。

（1）收取预付款

收银员收取预付款可参考以下流程，如图 3-4 所示。

根据顾客的付款方式（如现金、信用卡或支票等），收银员按照不同结算方式的服务规范收取预付款，并填写预付款单

↓

请顾客在预付款单上签名确认，然后将客户联交给顾客保存

↓

若酒店部门经理级以上人员同意免收保证金，收银人员应请担保人在登记单上注明原因并签字。对于手续不全的单据，收银人员有权拒收

图 3-4　收取预付款流程

（2）退还预付款

顾客消费结束时，收银人员应按照多退少补的原则进行结算。若需退给顾客剩余的预付款，收银人员应填写退款凭证，注明退款的日期、房号、金额和原因，然后请顾客在退款凭证上签字，同时收回预付款单客户联，

再按实际消费额开具正式发票。如遇单据丢失，需要请顾客在退款凭证上注明，确认无误后，按照顾客当初的付款方式将余款退还给顾客，即收现金退现金，收支票退支票。

若顾客急需现金，要求退还预付款时，收银人员可按照以下流程处理。

①若客户为现金支付，且符合退还条件，收银人员填写现金支出凭证，注明付款原因并请顾客签字。

②若顾客使用信用卡、借记卡或线上转账支付，需告知客户预付款将按原路退回至账户，退款到账后，可自行取现。

③按照酒店有关规定，得到相关人员的批准后，将应退还给顾客的现金进行返还。

3.2.3　欠款催收与赔偿规范

在收银结算过程中，收银员难免会遇到顾客没有按时付款或需要进行赔偿的情况，此时可参照以下程序进行处理。

1. 顾客欠款催收

遇到顾客欠款需要进行催收时，首先需要对顾客的欠款事实进行核对，其次需要进行相应的催收，最后还需要跟进催收情况，具体介绍如下。

（1）核对欠款事实

核对欠款流程，具体内容如图 3-5 所示。

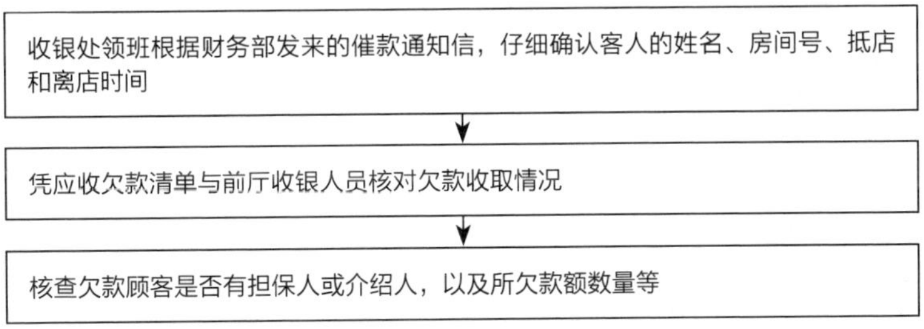

图 3-5　核对欠款事实的流程

（2）进行催收

催收欠款的流程如下所述。

①由前厅收银处领班书写催款留言条，注明客人需付款金额和付款期限，请顾客至前厅收银处付款。

②请客房服务人员将催款留言条送至顾客房间。

③及时询问前厅收银处，确认顾客是否按规定期限付款。

④留言催款无效时，应电话通知顾客欠款情况及欠款金额，向顾客说明酒店有关欠款的规定和针对拖欠款事宜作出的处理规定，请其在酒店规定的期限内到前厅收银处付款。

⑤若电话通知无效，可由财务人员协同大堂经理一起到顾客房间礼貌催收。

⑥将顾客答应在规定期限内的付款时间通知前厅收银处、接待处和财务部。

（3）跟进催收情况

催收完之后还需要及时跟进，前厅收银领班需要定期了解客人是否在规定期限内付款并做好记录，对未按规定期限付款的客人，应按酒店有关规定采取措施，并详细记录客人欠款情况及时报告收银主管。

2. 顾客赔偿

若顾客损坏了酒店物品需要赔偿的，其流程如图 3-6 所示。

第一步：接收物品损坏赔偿表

前厅收银处接收到物品损坏赔偿表后，应检查是否有顾客的签字确认，若有，应及时将物品损坏赔偿项目入账，并在记录本上登记顾客姓名、房间号、入账时间、损坏物品和经办人等

第二步：办理顾客赔偿手续

顾客结账时，收银员应向顾客出示物品损坏赔偿表，经顾客确认后，请其按赔偿金额付款；若顾客要求将损坏物品带走，收银员应在物品损坏赔偿表上注明“此物品已带走”字样，并请领班签字

第三步：做好记录存档

收银员在记录本上登记顾客赔偿办结时间和经办人，将账单和物品损坏赔偿表订在一起存档

图 3-6　顾客赔偿流程

3.2.4　餐厅收银管理

餐厅收银工作是记录酒店营业收入重要的一步，也是财务精细化管理不可缺少的环节，其工作内容主要包括以下几项。

1. 做好班前准备工作

班前准备工作需要做好以下事项。

①餐厅收银员依照排班表的班次在上岗前需签到，由餐厅收银领班监督执行，并编排班次表。

②收银员与领班（主管）一起清点周转金，确认无误后在登记簿上签收，班次之间须办理周转金交接手续，并在餐厅收银员周转金交接登记簿上签字。

③领取该班次所需使用的账单及收据，检查账单及收据是否顺号，如有缺号、短联，应立即退回。

④检查电脑系统的日期、时间是否正确，如日期不对或时间不准时，应及时通知领班进行调整。

⑤仔细查看餐厅收银员交接记事本，了解上一班是否有遗留问题，以便及时处理。

2. 日常工作程序

当服务员把点菜单交到收银台时，收银员应检查点菜单上的人数、桌号是否记录齐全，如记录不全，则退回服务员。当点菜单人数、桌号记录齐全后，收银员需要将顾客的账单号码输入电脑内，收银机将自动编制该账单号，待顾客结账时使用；然后将顾客人数、桌号及顾客所点的食品及数量依照电脑菜单键输入，输入完毕后即可等待顾客结账。

3. 结账

酒店餐厅的结账单通常为一式二联，第一联为财务联；第二联为客人联。顾客要求结账时，收银员应根据服务员填报的桌号打印出暂结单，服务员应先将账单核对后签上姓名，然后由收银员凭账单与顾客结账。如果服务员没有签名，收银员应提醒其签名。在结账时，收银员还应注意以下事项。

①顾客采用挂账方式进行结算的，由服务员将顾客挂账凭据交收银员办理挂账手续，两联账单需要由收银员处理。

②结账时若顾客出示优惠卡要求打折的，服务员应将优惠卡和两联账单交给收银员按程序办理打折；如果服务员只将一联账单交给收银员，收银员可以不予办理。

③作废或修改账单时应由相关人员说明作废或调整原因，并签上姓名，餐厅管理人员证实后，将修改单和作废单（两联）交给收银员送财务部审核。

④由于种种原因，顾客需要滞后结账的，须先请餐厅管理人员确认，然后将其转入财务部应收账款。

⑤收银员在每个班次营业结束后还应做单班结账；在本日营业工作结束后，应做总班结账。仔细核对当日的用餐情况及收入情况，并填写餐厅核对表。

4. 保管好各类单据

每位收银员领用的发票都由本人保管及核销，不得由他人代领和代核销，核销时作废的页号折开，其作废号码要填入发票封面背后的发票检查记录栏内。填制发票金额时要凭客人联的消费单金额填制，顾客消费单要贴附在发票存根联的后面，作为原始票据。

在核销发票时发现存根联没有附上顾客联的消费单或发票不连号的，又或是发票丢失的，相关责任人员都需要承担一定的经济责任，所以收银员需要仔细保管好各类单据。对于经过电脑操作记录的调整单、作废单等都应送审计稽核，作废单须由领班以上签名证实注明作废原因。如事后发现有错，但又查不到保存的账单，其经济责任应由收银当事人承担。

5. 做好交接工作

餐厅收银员在本班次结束时还需要做好现金及顾客的账单交接工作，具体如下。

①现金交接：餐厅收银员编制报告完毕后，将所收的现金数额分别填写在现金袋上，然后将现金装入袋内，并在现金收入交收记录簿上签字，办理现金交接手续。

②顾客账单交接：顾客账单分为两类，一类是已使用的，将已使用过的顾客账单按顺序号排好放到指定位置，供夜间核数员审核；另一类是未使用过的，要检查与使用过的顾客账单最后一张是否连号，确认无误后办理退还手续，并在餐厅收银顾客账单领用登记簿的退回处签字。

3.2.5　前厅收银管理

前厅收银服务工作代表了酒店的对外形象，直接体现了酒店的服务水平，更需要谨慎规范地处理好前厅收银事务。与餐厅收银员工一样，前厅收银员也需要在事前做好准备，其内容大致一样，这里就不再赘述。只不过前厅收银员在进行收银工作时通常会用到很多单据，需要规范使用及保管，见表 3-2。

表 3-2　前厅收银单据管理

单据类型	具体介绍
预收款收据	此单据连号三联，当顾客入住并付费后，开出此单据，第一联留存，第二联交给顾客，第三联同原始订房单一起，放在顾客账单里
杂项收费单	此单据共两联，用于顾客在酒店内无原始单据的消费凭证，如预收冰箱费等。开出此单据时，需要注明收费名称及收取日期，并请顾客签字。第一联留存，第二联放在客人的账单里，此单据也需要有顾客签字，如果顾客入住时结清此项费用，则无须开出此单据，而需开出发票并写明顾客交费的项目、起始日期，将发票的第三联与顾客账单放在一起
发票	当客人结清有关费用时，需将发票的第三联撕下，与顾客的原始账单放在一起
结账单	顾客结账时，打印出汇总账单，请顾客签字后与顾客账单放在一起保存

3.2.6　外币兑换收银管理

外币兑换主要是为境外顾客提供消费便利，兑换程序一般如下所示。

1. 兑换周转金出入库

通常酒店会与银行签订代兑换外币业务协议，由银行的地区分行向酒店提供一定数量的兑换周转金，由兑换领班专人管理，单设保险柜，并建立严格的出入库手续，确保外币兑换工作的顺利进行。外币兑换周转金通常每天入库一次，出库两次，每笔金额在出入库时都要做到手续齐全、准确无误。

2. 兑换前准备

收银员应按时获取银行公布的最新外汇牌价，及时更新当日的外汇牌价表；领用当日所需兑换水单时，需检查是否连号，是否有短号现象，确认无误后办理领用手续；领用并配备大小面值的兑换周转金时，应办理出库手续。

3. 兑换程序

当顾客进行外币兑换时，要礼貌地请顾客出示护照或其他证件，方可填写兑换水单。经办人接到顾客填好的水单时，应注意检查客人的国籍、姓名、护照号码、房间号码及兑换外币金额等内容是否填写齐全，判断识别真假外币。

对于旅行支票，收银员需要检查支票及兑换水单签字与支票背书是否一致。检查后，由经办人根据银行卖价或现钞价，核算成外汇人民币转交复核员，经复核员再次审核无误后，即可承付现金交给经办人。经办人接收现金后，复核承付现金是否正确，无误后连同水单一起呈交顾客。

4. 编制兑换营业日报表

当兑换业务完成时，由复核员将兑换水单号码、兑换外币种类及金额分别填写在兑换营业日报上，编制营业日报，编制时需注意以下事项。

①按照兑换水单顺序填写号码。

②外币现金和支票需要分别填写。

③每笔现金、支票金额分别以现钞价或卖价兑换外汇人民币金额。

5. 做好交接工作

在兑换营业日报表编制完毕后，外币兑换员应将外币日报表整理好装入现金袋内封好，并在现金袋封口处签上自己的名字，放在指定保险箱内，待第二天领班查处、清点并汇总。本班次结束后，兑换员将兑换周转金余额清点好后转交给下一班的兑换员，并办理交接签字手续。

3.2.7 完善收银管理制度

为了更规范地管理酒店的收银业务，财务部门需要制定统一的收银管理制度，下面来看一个范本，可供参考。

实用范例 某酒店收银管理制度

1. 准确、快速地做好收银结算工作。严格按照各项操作规程办事，在收款时自觉遵守财经纪律和财务制度，对于违反财经纪律和财务制度的行为要敢于制止和揭发，起到有效的监督作用。

2. 收款过程中要做到快、准、不错收、不漏收，对于各种钞票必须验明真伪。

3. 工作时间不得携带私人款项上岗，每日收入现金必须切实执行“长缴短补”的规定，不得以长补短；发现长款或短款，必须如实向上级汇报。备用金必须班班交接，天天核对，具有书面记录，并在班前班后准备足够零钞。

4. 不得将公款挪作私用。

5. 收银员必须妥善保存发票存根，并以存根更换新的发票。

6. 接受信用卡结账时，应认真依照银行有关规定受理。

7. 每班在营业结束时，必须认真核对报表数与实收数是否一致，并做好交班工作。不得向无关人员泄露有关本部门营业收入情况资料及数据。

8. 收银员在当班期间才有权使用备用金，在班次结束时，收款员将定额备用金交给下一班，剩下的现金、支票和其他可转让票据放在一个专用的缴款袋中。

9. 收银员需认真填写交款清单，钱款与清单一致，交款必须填写交款报告，交款需有人见证，并在“收点交款报告”上签名。

10. 酒店财务人员每周不定期对前台备用金进行检查核对，任何人不允许挪用备用金。

11. 前台收银和餐厅收银都必须配备收银专用抽屉，现金、有价凭证、

POS单必须放在收银抽屉内，钥匙由收银员专人保管。收银人员离开时，应将收银抽屉上锁。任何人未经收银人员允许，不得打开或翻动收银抽屉。

12. 发生收款或退款时，必须复点并唱收唱付。

13. 出纳前往银行存款或取款，现金必须装在包内，不得拿在手中暴露在外或装在手提钱箱等暴露身份的物品中。

14. 贵重物品寄存箱的操作需要在监控下进行。

15. 出纳拆开封包发现现金或凭证溢缺，应马上报告。

16. 账单和发票不允许有涂改现象。

17. 收银点使用的发票必须联号，作废发票必须三联齐全，完整存放，并注明作废标记。

18. 爱护及正确使用各种机械设备（如电脑、打印机、计算器和验钞机等），并做好清洁保养工作。

19. 收银员需做好收银前准备工作，保持收银台的整齐、干净。

3.3 酒店财务部内控管理

进行精细化管理离不开健全的内部控制制度，良好的内部控制是酒店财务部门进行精细化管理的保障。

3.3.1 内控管理存在的问题

1. 存在的问题

随着酒店行业竞争日益激烈，酒店行业所面临的挑战也逐渐增加，想要取得更大的发展，还需加强内部控制，提高竞争力。但是部分企业在进行内控管理时还存在以下问题。

（1）管理模式不科学

由于酒店经营业务具有综合性，前期需要投入大量的成本，部分酒店的财务控制仍然停留在控制成本和削减其他开支上，而忽视了可以回收的投资款项及其他相关工作的管理，对于酒店成本控制的眼光太短浅，不利于财务内部控制管理，其管理模式缺乏科学性。

（2）财务内控意识淡薄

部分酒店企业财务内控意识淡薄，财务机构设置不合理，内部监督机制不完善，使得各部门之间不能协调合作，无法有效发挥内部监督。

（3）财务人员专业性不够

财务人员专业性不强，不能很好地胜任财务管理工作，就不能有效地对财务事项进行判断及参与酒店的各项规划与决策，不利于财务部门进行内控管理。

（4）财务预算管理不规范

财务预算是酒店内部控制的重点之一，酒店经营发展的各个环节都离不开财务预算，但是部分酒店企业的财务预算管理主观性较强，脱离了实际，从而不利于把握酒店整体经济效益。

2. 解决措施

基于以上问题，酒店财务部门可采取以下措施来增强其内部控制管理。

（1）提高财务人员专业素质

酒店企业需要定期对财务人员进行培训，不断提高财务人员的专业素质，建设专业化、高素质的财务队伍，提升财务工作效率，加强内控管理。

（2）健全内控监督体系

完善的内控监督体系可以明确、优化各项工作流程，确保各项工作有序进行。

（3）优化组织结构

酒店各个部门应互相协作，而不是相互推诿。要充分发挥管理人员的积极性，酒店的重大决策应该由酒店领导层和相关部门负责人一起协商处理，而不是仅仅由最高决策者单独做出决策。

（4）健全考核与奖惩机制

建立相关考核机制，可以根据考核结果对管理层和相关责任人进行奖惩，引导和规范员工行为，强化内部控制，从而提高经营管理的效率。

3.3.2 经营收入内部控制

由于酒店的业务比较多，收入组成也比较复杂，为了保证收入的安全与完整，酒店必须加强对收入的审核控制。而客房收入与餐饮收入又是酒店收入的主要来源，更需要加强内部控制以保护酒店的财产。

1. 客房收入内部控制

对客房收入的内部控制可以从对客房保证金及预收款、客房收入稽核、客房折旧和客房换房四个方面进行，见表 3-3。

表 3-3 客房收入的内部控制

控制要点	具体介绍
客房保证金及预收款	保证金及预收款项属于预收账款，在收取保证金及预收款时手续要完备，收取或退回钱款的财务操作流程要科学合理。酒店财务稽核人员应每天审核客人账户余额，若客人预付定金或信用卡授权不足支付时，应及时通知有关人员向客人补收定金或补授权。在顾客退房时，如顾客定金单据遗失，除要求客人在定金遗失单上签字外，还需要提供身份证明，前台收银员需要复印一份，随定金遗失单一并交由财务部
客房收入稽核	对于酒店客房收入的稽核，需要仔细核对与财务内部控制有关的所有数据。 ①对前台的收银工作、客房的出租情况及房租收入三者进行严格核对。 ②对当天客房收益汇总表第二次核查。 ③对离店客人消费明细表进行最终核对
客房折扣	加强房价折扣管理可以从以下四个方面着手。 ①检查每日房费过账前客房收入的折扣情况。 ②检查折扣是否符合规定。 ③检查折扣的实际比例与房间的收入情况是否平衡。 ④检查预订人是否和入住人一致及折扣计算是否正确等
客房换房	由于酒店客房产品具有多样性，以适应不同需求、不同档次客户的使用，顾客可能因各种原因对原有预订或在住客房提出更换要求，故投入与维护成本也不同。对于客房换房的内部控制，可以从以下几个方面着手。 ①制定严格的换房权限制度，不能随意换房；换房时应以同类房型更换为主。 ②严格差价管理，非同类房型更换时应补差价。 ③无论是哪种换房，均应填写换房单，更换房卡，并将原客房中的消费转入新客房中

2. 餐饮收入内部控制

对餐饮收入的内部控制可以从以下四个方面出发，见表 3-4。

表 3-4　餐饮收入的内部控制

控制要点	具体介绍
票据的保管与领用	领位记录卡和点菜小票都应按顺序连续编号，并由财务人员登记保管，餐厅应由专人领用。所有作废的小票应将三联单同时上缴财务部门，财务部门应每天将收银员和厨房上缴的小票销号
小票的检查与核对	稽核人员应检查厨房上缴的小票，厨房联与收银员上缴的收银联项目是否一致，有无遗漏；还需要将小票收银联与收银账单进行核对，检查收银员是否多收或少收客人餐费
餐厅领位记录核对	餐厅领位记录详细记录了当天就餐客人的数量、台号及上座率等。稽核人员需要仔细记录与核对餐厅领位记录，防止“走单”等现象的发生
优惠折扣	稽核人员在审核账单时，应检查折扣优惠是否符合本酒店的规定，如有不符合规定的，应明确责任，严肃处理

3.3.3　成本费用与采购内部控制

酒店餐饮经营成本通常比客房经营成本要高，因此对餐饮成本的控制十分重要，酒店需要建立相关的成本内控标准，提高酒店资源的利用率。

对于餐饮部门菜单上的每一道菜品，都必须有一份标准的成本核算单，对每一道菜品的标准分量、烹饪规格、操作方法及所有原料和辅助配料的名称、分量、单价等都必须一一核算并记录。

成本控制部门可以根据相关的成本控制标准进行成本核算与控制，分析实际成本与标准成本的差异，发现有不正常或不合理成本差异时要查明原因，及时采取改进措施。

在酒店经营管理中，采购环节也是非常重要的一环，同时也是最难把控的一环。由于酒店物品对于质量的要求一般较高，但储存周期短，采购次数多，需要的采购人员多，部分物品还需要从境外购进，这种情况决定了酒店采购的内部控制有别于其他行业采购的控制模式，因而在酒店采购环节容易出现舞弊行为。

所以，对于采购环节的内部控制，财务部门需要做好以下事项。

①规范采购业务流程，注重请购、报批、订货、验收及最后核准付款

的控制，优化采购流程，同时还需要提高采购人员素质。

②对于采购物品的价格控制，最好采用三方报价。此外，采购还需要在采购预算范围内进行，控制采购成本。

③酒店物品的申购、采购、验收和结算必须由不同的人员担任，实行钱、账、物分管原则。采购工作不能由使用部门或采购部门单独一人全程包办，而是需要使用部门和采购部门协同完成。

3.3.4 酒店财务审计事项

加强内部控制也需要做好内部审计管理，良好的内审制度可以极大地促进酒店内控制度的完善。酒店审计事项主要包括对酒店资产、负债、成本费用、损益和所有者权益进行的审计，具体介绍如下。

1. 酒店资产的审计

对于酒店资产的审计，可以把握以下几方面的内容，见表 3-5。

表 3-5 酒店资产审计要点

审计要点	具体介绍
资产内部控制	检查酒店各项资产的购入、领用、盘点和报废等环节的内部控制制度是否健全，有无贪污、挪用、损失和浪费等现象。如酒店存货的采购、登记及领用是否有严格的内控制度，存货报废是否符合酒店规定的审批手续等
资产核算	审查各项资产的核算是否正确、合规；各项资产是否完整，质量是否符合规定和要求；有无随意改变计算方法等问题。如固定资产的计价方法是否合理、核算是否正确等
对账	审查酒店各项资产的账证、账账和账实是否相符，有无漏记、多记资产等问题
应收账款	酒店应根据夜审转来的应收账报表及已离店而未付款的顾客的各种原始账单进行详细核对和计算，核对报表上的总计数字是否与原始账单相符，并根据营业部的有关资料，对签单顾客的姓名、房号、公司名称及顾客的签字进行审查
长、短期资产	审查酒店长期、短期投资业务中的各种股票、债券的购入、支出和收益的计价、核算是否正确、合规
固定资产	审查固定资产折旧的计提是否正确、合规，有无多提少提，人为调节利润的情况；酒店各类固定资产的折旧年限是否符合财务制度的相关规定，其计算及核算是否正确等

2. 酒店负债的审计

对于酒店负债的审计，可审查以下内容。

①审查酒店各项债务的发生和债务偿还的审批手续是否齐全完备。

②审查酒店各项债务的来源是否合理、合规，如是否有将收入转移、隐匿于应付账款的问题。

③审查酒店预提费用的计提是否正确、合规，有无利用预提费用人为调节利润的情况。

④审查长期借款的利息支出及外币折合差额的计算是否正确、合规。

⑤审查酒店发生的工程借款利息、外币借款进行的工程发生的外币折合差额是否分情况处理等。

⑥审查酒店发行的债券是否合理、合规，应付债券价值的计算是否正确，利息费用和应计利息的计算是否正确、合规。

3. 酒店成本费用的审计

酒店成本费用的审计可以重点关注以下方面，如图 3-7 所示。

1. 审查构成酒店成本的直接材料和计价是否正确、合规，有关支出凭证是否手续清楚，是否超过计划或定额，支出是否合理
2. 审查待摊费用的摊销额是否合规，有无多摊少摊，计算是否正确
3. 审查计入财务费用的利息支出是否正确、合规，有无将应计入固定资产的利息记入财务费用的情况
4. 审查酒店在借款时的加息与罚息是否混淆，在借款时发生的加息应单列于财务费用项目，而罚息开支应计入营业外支出，不能混淆
5. 审查有无将不应列入成本费用的支出列入成本支出的情况，如投资支出、支出的各项罚款和违约金等列入成本费用

图 3-7　酒店成本费用的审计

4. 酒店损益的审计

对酒店各项损益的审计，可以注意审查以下事项。

①审查酒店各部门营业收入是否正确及是否如数入账，有无收款不给收款凭证，有关收入凭证编号是否中断，有无隐瞒、转移收入等问题。

②审查营业收入应缴纳的各种税金的计算和账务处理是否正确、合规，有无偷税、漏税问题。

③审查投资收益的核算是否合理、合规，应收未收部分是否如数计入本期损益。

④审查营业外支出是否正确、合规，有无任意扩大营业外支出范围、增设营业外支出项目的问题。

⑤审查利润总额，核实营业收入、管理费用、财务费用、投资收益及营业外收支的结转是否正确、合规。

5. 酒店所有者权益的审计

酒店所有者权益的审计事项可以关注以下事项，见表 3-6。

表 3-6　酒店所有者权益审计要点

审计要点	具体介绍
资本、财产	审核酒店资本、财产是否真实、合规，另有规定除外。酒店的注册资本应与实际资本相一致，在“实收资本”科目核算，注册资本一经确认，就不能随意改变
法定盈余公积	审查酒店法定盈余公积金的提取是否正确、合规。根据相关规定，酒店须按税后利润的 10% 提取法定盈余公积金，而且在未提取法定盈余公积金前，不得分派股利
弥补亏损	审查酒店弥补以前年度亏损的核算程序是否正确、合规。酒店可以用以后年度税前利润弥补以前年度亏损，但从获利年度起弥补亏损的期限不得超过五年
股利分配	审查股利的分配和发放是否正确、合规，有无擅自发放和同股不同利的情况

3.3.5　夜审与日审流程

规范夜审与日审流程也是酒店增强内部控制的重要手段。夜审工作流程具体介绍如下。

1. 做好准备工作

夜审员在工作前应了解日审员的有关交班事宜，检查打印机和电脑是否运行正常，以及对各营业点的缴款凭证和账单进行分类，主要包括以下三项内容。

①前台客房结账单及收银日报表。

②餐厅缴款凭证及账单。

③其他部门缴款凭证及附件单，如游泳馆、咖啡厅和康乐服务处等的缴款凭证。

2. 进行财务审核

夜审财务审核工作如下所述。

①夜审员应查看当日前厅及各收银处的各种账单、票据和结算凭证是否齐全，所有单据必须准确、真实地记载名称、数量和金额等，同时输入电脑。

②核查顾客入住和离店的时间及使用房间数，房价是否按规定收取。

③核查各营业点的各种优惠、折扣是否符合规定。

④审核酒店当日各营业部门每班次的收银员填写的报告，看与交款表上的数据是否一致。

⑤审核酒店当日各营业点各种消费项目明细表。

⑥审核各种签单、挂账是否符合规定。

⑦核对收银员的账单、收款收据、杂项支出的使用是否正确，以及所有单据是否联号使用，不得跳号跳页，作废账单是否三联齐全。

⑧核查转账结算的款项是否正确，是否符合规定及审批手续。

⑨根据收银员交款表做相应银行的 POS 机结算。

⑩完成各营业部的成本报表。

3. 填写夜审报表

审核无误后，夜审员将收银员上交的账单按部门分类汇总，统计出准确的各类消费总数及收入总额。将电脑系统数据进行备份，打印出各营业部门的各种报表数据，根据各种报表数据编制酒店营业日报表，填写夜审报表。

4. 送交日审办公室

各项工作完成后，夜审员需将资料进行整理分类并做好夜审记录，随后将资料送交至日审办公室，对于在收款工作中发现的问题，及时报告给稽核主管及有关领导，以便能尽快处理解决。

同夜审一样，日审的工作流程大致相同，但其工作内容存在细微差异，主要包括以下几项。

（1）班前准备

日审工作前也需要相关人员准备好相关的资料，将资料整理分类，准备好需要用的笔、计算器和工作表等。

（2）进行审核

日间审核的流程如下。

①检查夜审员所做的报表是否平衡、完整，核对无误后上交稽核主管。

②检查前一日营业收入调整冲账是否合理，是否按规定流程审批。

③核对前厅及各营业点收银处的发票、账单、报表及有关原始凭证的内容是否完整，有否错漏，账单、发票的合计数与报表是否相符。

④检查各营业点住客转账收入与夜审员上交的报表是否相符。

⑤检查离店客人余额表，如有未结款项，应查明原因并及时作出处理。

⑥协助稽核主管对各处收银情况进行监督及管理，发现问题及时纠正，保证收银工作的顺利进行。

（3）填写日报表

审核完之后，日审员需要根据核对后的各项收入编制凭证，及时做电脑汇账，连同电脑结账单或营业点收入明细表一起交稽核主管，根据日审工作情况，填写日审报表并报稽核主管审阅。

（4）后续工作

日审员还需将夜审员修改的电脑报表部分或应由夜审员解决的问题，以及传达的通知、协议等事宜及时做日审留言，把每日审核过的各类原始账单、报表按日期、序号存放并妥善保存。

3.3.6　完善内部控制制度

完善的内部控制制度是增强酒店精细化管理的保障，下面来看一个内控制度范本，可供参考。

实用范例　某酒店内部控制制度

酒店内控制度是员工必须遵守的规则，为配合前厅各项工作的顺利进行，规范员工的工作行为，特制定此制度。

一、考勤制度

1. 按时上下班，做到不迟到、不早退。每位员工日常休息由部门经理根据排班安排，带薪年休假按国家规定执行。

2. 事假必须提前一天通知部门，说明原因，经部门批准后方可休假。

3. 病假须持医院证明，经批准后方可休假。

4. 严禁私自换班，换班必须由申请人、换班人和经理签字批准。

5. 严禁代人请假，具体值班、换班情况按值勤表执行。

二、仪容仪表

1. 上班必须按酒店规定统一着装，工作服必须干净、整齐。

2. 酒店要求保持个人仪容仪表，站、立、行姿势要端正得体。

3. 严禁私自穿着或携带工作服外出酒店。

三、劳动纪律

1. 严禁携带私人物品到工作区域。

2. 严禁携带酒店物品出店。

3. 严禁在酒店范围内粗言秽语，散布虚假或诽谤言论，影响酒店、客人或其他员工声誉。

4. 工作时间不得无故串岗、擅离职守。

5. 上班时间严禁打私人电话、做与工作无关的事情。

6. 除用餐时间外，不得在当值期间吃东西。

7. 严禁在工作时间聚堆闲聊、会客和擅自领人参观酒店。

8. 上班时间内严禁收看（听）电视、广播、录音机及任何书报杂志。

9. 严禁在公共场所大声喧哗、打闹、追逐和嬉戏。

四、工作方面

1. 当班期间要认真仔细，正确填写各种营业表格，严禁擅自涂改或隐瞒错误。

2. 不得与客人发生争执，出现问题及时报告部门经理与当班领班，由其处理。

3. 服从领导的工作安排，保质保量完成各项工作。

4. 服务接待工作中坚持站立、微笑、敬语、文明服务，使宾客感觉亲切。

5. 积极参加部门例会及各项培训工作，努力提高自身素质和业务水平。

6. 工作中严格按照各项服务规程和标准进行服务。

7. 认真做好各项工作记录，填写各项工作表格。

8. 自觉爱护并保养各项设备设施。

9. 工作中要注意相互配合、理解、沟通，严禁出现推诿现象。

10. 严禁出现打架、吵架等违纪行为。

11. 避免出现人为因素造成的投诉及其他工作问题。

从案例展示的酒店内部控制度来看，其内容从考勤、仪容仪表、劳动纪律和工作等方面进行设计。具体内容和条款可以根据酒店自身经营管理需要来确定。

第 4 章

学会精细化管理酒店资产

资产是酒店进行各项经济活动的基础，精细化管理酒店各项资产有助于提升资产利用效率，提高酒店经营效益，为酒店发展提供更有力的保障。

4.1 现金日常管理与规范

在酒店经营管理过程中，财务部门会遇到各种使用现金的情况，规范管理现金，才能促进财务部门管理朝着精细化发展。

4.1.1 库存现金日常管理

库存现金是酒店重要的财产物资，对于库存现金的管理主要包括以下五方面的内容。

1. 库存现金范围

企业一般可以在下列范围内使用现金。

①职工工资、各种工资津贴。

②个人劳动报酬，包括稿费、讲课费及其他专门工作的报酬。

③支付给个人的奖金，包括根据国家规定颁发给个人的科学技术、文化艺术和体育等各种奖金。

④各种劳保、福利费及国家规定的对个人的其他支出，如转业、复员、退伍、退职、退休费和其他按规定发给个人的费用。

⑤向个人购买农副产品和其他物资支付的价款。

⑥出差人员必须随身携带的差旅费。

⑦支付各单位间在转账结算起点（1 000.00 元）以下的零星支出。

⑧中国人民银行确定需要支付现金的其他支出。

⑨凡是不属于现金结算范围的，应通过银行进行转账结算。

2. 库存现金限额

企业的库存现金限额由其开户银行根据实际需要核定，一般为 3 ~ 5 天的零星开支需要量。边远地区和交通不便地区的企业，库存现金限额可以多于 5 天，但不能超过 15 天的日常零星开支量。企业必须严格按照规定的限额控制现金结余量，超过限额的部分必须及时送存银行。

3. 不得坐支现金

企业在支付现金时，可以从库存现金中支付，也可以从银行存款中提取现金支付，但不能从企业的现金收入中直接支付，即不能坐支。企业坐支现金，不利于银行对企业的往来结算进行监督，企业收入的现金必须当日送存银行，并注明款项的来源。在支取现金时，也必须在现金支票上注明用途。

4. 现金日常管理

现金日常管理需要做好以下几方面的工作。

①现金收入应于当日送存银行，若当日送存银行确有困难，由银行确定送存时间。企业从银行提取现金时，应当在取款凭证上写明具体用途，并由财会部门负责人签字盖章后，交开户银行审核方可支取。

②企业可以在现金使用范围内支付现金或从银行提取现金，但不得从本单位的现金收入中直接支付现金。因特殊情况需要坐支现金的，应当事先报经开户银行审查批准，由开户银行核定坐支范围和限额。企业应定期向开户银行报送坐支金额和使用情况。

③因采购地点不固定、交通不便、生产或市场急需、抢险救灾及其他情况必须使用现金的，企业应当提出申请，经开户银行审核批准后，方可

支取现金。

5. 现金账目管理

每家企业都必须建立健全现金账目，并逐笔登记现金收入和支出，做到账目日清月结，账款相符。除了做好现金的日常管理之外，酒店还可以制定现金管理制度。下面来看某酒店制定的现金管理制度，可供参考。

实用范例 **某酒店现金管理制度**

为加强酒店现金管理，明确使用范围，结合酒店的实际情况特制定本制度。

1. 财务部门要严格按照国家有关现金和银行结算制度、酒店有关财务制度办理现金、银行收支业务。

2. 酒店业务收入的现金和银行支票要及时存入在银行所开设的账户，不得坐支现金。

3. 库存现金不得超过3天的日常周转及报销限额，超过限额的部分应及时存入银行。

4. 库存现金要做到日清月结，账实相符，不得以“白条”抵充库存现金，更不得挪用现金。

5. 签发银行转账支票要办理支票领用登记手续，及时清理注销。

6. 不得擅自租借银行账号给任何单位和个人办理结算业务，不得签发空头支票。

7. 现金、银行存款日记账每月与总账、银行对账单核对，并编制银行存款余额调节表。

8. 各部门如需支付现金，应填制“付款通知单”，经部门经理签字，总经理审批后，方可到财务部门取款。各部门经理对自己管辖范围内的现金收支业务有管理责任，如发现问题要主动解决或向有关领导报告。

9. 对于违反本制度造成损失的，由直接负责人全额赔偿，并视情节轻重给予必要的纪律处分。

10. 各部门的收银员不得随意调整，应按酒店有关规定办理，各收银员必须当时当次将消费项目的营业额输入电脑。不按规定办理者，一经查出按有关规定处罚。

11. 本制度由酒店财务部门制定并负责解释。

4.1.2 银行存款日常管理

银行存款也是酒店的重要财产，对银行存款账户的开立及各项开支要进行规范化管理。对银行存款的管理主要包括银行账户及支票结算的管理，具体介绍如下。

1. 银行账户管理

酒店通常会在银行开立基本存款账户和一般存款账户，且其账户只能用于业务经营范围内的资金收付，不能出租、出借或转让给其他单位或个人使用。同时，账户上必须留有足够的资金保证支付，不得签发空头支票。

2. 支票结算管理

支票结算是酒店结算常用的结算方式之一，在用支票结算时需要规范填制，具体操作见表 4-1。

表 4-1 支票填写规范

操作	填写规范
出票日期	票据的出票日期必须使用中文大写，为防止不法分子变造票据的出票日期，在填写月、日时，月为壹、贰和壹拾的，日为壹至玖及壹拾、贰拾和叁拾的，应在其前加“零”；日为拾壹至拾玖的，应在其前加“壹”字。如 1 月 15 日，应写成零壹月壹拾伍日。票据的出票日期使用小写填写的，银行是不予受理的。大写日期未按要求规范填写的，银行可予受理，但由此造成损失的，由出票人自行承担
填写金额	在填写金额时要遵循以下规范。 ①中文大写金额数字应用正楷或行书填写，如壹、贰、叁、肆、伍、陆、柒、捌、玖、拾、佰、仟、万、亿、元、角、分、零、整等字样。不得用一、二、三、四、五、六、七、八、九、十字样填写。 ②中文大写金额数字到“元”为止的，在“元”之后，应写“整”字；中文大写金额数字到“角”为止的，在“角”之后，应写“整”字；大写金额数字有“分”的，“分”后面不写“整”字。 ③中文大写金额数字前应标明“人民币”字样，大写金额数字应紧接“人民币”字样填写，不得留有空白。 ④阿拉伯小写金额数字前面，均应填写人民币符号“¥”，阿拉伯小写金额数字要认真填写，不得连写导致分辨不清

此外，在进行支票结算时需要注意以下事项。

①现金支票由出纳人员签发和保管，签发现金支票不得超越规定的现

金使用范围和限额，使用黑色墨水填写，字迹要清晰，数额要正确，大小写金额必须一致，不得涂改。填写错误的支票必须加盖“作废”戳记与存根一并保存。

②酒店购买商品、原材料或享受劳务供应时，可签发转账支票，直接交给收款单位，然后由收款单位持支票向自己的开户银行办理转账结算。

③支票一律采取记名式，签发支票要注明接受单位名称或个人姓名。

④不准签发空头支票和远期支票，严格执行支票的有效期限。

⑤原则上不准携带盖好印鉴的空白支票出外采购，不准将支票交给销货单位代为签发。如果确需携带盖好印鉴的空白支票外出时，一定要填好签发日期、收款单位名称和最高结算限额，并要督促经办人及时报销。

⑥支票遗失或被盗时应及时向领导汇报，并立即到银行办理挂失手续。

为了更规范管理银行存款，财务部门也需要完善相关的银行存款管理制度，下面来看一个范本，可供参考。

实用范例　某酒店银行存款管理制度

一、银行账户管理

1. 酒店发生的经济往来，除按照国家有关规定可以使用现金外，其他都必须通过银行转账结算。

2. 酒店在银行开立基本存款账户和一般存款账户。上述账户只能用于酒店经营范围内的资金收付，不得出租、出借或转让给其他单位或个人使用。

3. 不得涂改和伪造结算凭证。各种结算凭证必须按要求填写齐全，如实填明来源或用途。

4. 账户上必须留有足够的资金保证支付，不得签发空头支票。

二、支票结算管理

1. 送存银行的款项，必须填制送款单，连同现金、支票及其他转账凭证一起送存银行，取得银行回单后据实入账。

2. 出纳对发生的结算业务，应根据合法、正确和完整的收支凭证，按照业务发生的先后顺序登记入账，编制银行存款日结表，结出每日余额。月份终了，银行存款日记账必须与银行对账单核对并编制“银行存款余额调节表”，对于未达账项应及时查明原因，妥善作出处理，防止出现差错。银行存款的对账工作由会计负责。

3. 严格按照《支付结算办法》、《人民币银行结算账户管理办法》和《中华人民共和国票据法》的有关规定，办理银行开户和银行票据结算业务，不得违规开立和使用账户，不得签发空头支票和远期支票，不得无理拒付，不得签发、取得和转让无债权债务或真实交易的票据。

4. 支票等丢失的，经办人必须立即报告财务经理和总经理，以便及时采取挂失止付等补救措施，防止冒领和诈骗行为发生。如造成经济损失的，由当事人自己承担。

5. 预付款应按照已签订合同的付款条款，填制用款申请单，按酒店审批权限审批后，填制转账支票，办理付款手续。

6. 凡办理预付款手续的合同事项及采购事项，款项一经付出，经办人应督促合同或采购事项的落实情况，业务结算时应及时清回余款。

7. 不得违反银行结算法律法规和制度，不得贪污挪用公款。

8. 财务经理负责组织人员抽查现金、银行存款和支票的使用情况及结存情况，防止不当行为的发生。

4.1.3 票据日常管理

票据是酒店在日常经营管理过程中经常会用到的，也需要规范管理。对票据的日常管理主要包括以下方面的内容，见表 4-2。

表 4-2 票据管理

内容	具体介绍
票据购置	酒店的支票、汇款凭证及实际业务中涉及的其他银行票据，应由出纳人员依据实际需要，经财务部门经理或总经理批准后，向开户行购置
票据保管	酒店的支票、汇款凭证及其他银行票据也应由出纳人员保管，出纳人员应负责将票据号码和数量在支票备忘簿进行登记，并妥当保管，不得转交他人。尚未使用签发前的空白支票，不得加盖印章；支票印章必须按职责分别保管，对签发的支票须加盖“不得转让”印章。对于全部作废的票据均应注销后存档备查，不得擅自销毁；票据如有遗失，应及时向上级主管报告，并马上实行相应的补救措施

续上表

内容	具体介绍
票据使用	各种票据应规范使用，财务人员需要注意以下事项。 ①酒店取得的收入款项均应开立正式的票据给客户或付款单位。 ②超过现金使用范围的开支均应使用票据支付，原则上一般的选购事项均应使用支票，有特殊原因的需经财务主管批准，批准后可以使用本票或银行汇款。 ③财务人员使用支票或其他银行票据时应严格遵守支付程序和授权管理制度，并在支票的存根上注明使用事项，且要求经办人在存根上签字备查，经办人对未经审批的会签单不得提交财务人员付款，财务人员对未经审批的会签单不得擅自付款。 ④财务人员在使用支票时必须填写完整，并认真核对收款单位和金额，签发支票的账户必须有足够的存款余额，不得签发空头支票。 ⑤支票领用人在领用支票时，应在支票存根联上签名，外单位来领取支票时，须由本单位相关人员伴随，并注明领用人的姓名和身份证号码。 ⑥出纳人员在离岗期间，除财务部门指定的人员之外，不得将票据移交给他人。 ⑦财务人员在收到支票、本票或汇票并开立收据或发票时，应在收据或发票上注明票据的形式、开票人和票据号码等事项

此外，在酒店票据管理中，对于一些重要的票据也应建立规范的管理制度，如发票、支票等，下面来看一个发票管理制度，可供参考。

实用范例　某酒店发票管理制度

1. 酒店使用由税务机关统一监制的发票，由出纳凭发票领购簿和规定的文件及财务专用章向税务机关领购发票。同时，出纳需承担发票的保管和使用管控工作，并按要求向税务机关报送发票使用情况。

2. 所有发票由出纳主管设立登记本进行记录和控制。在加盖财务专用章后，由各岗位的收银员向出纳主管直接办理领用和缴销。

3. 收银主管和收银领班必须按照本管理制度的各项规定监督和指导各岗位的收银员严格执行发票的使用规定。在发现有人违反规定时，应立刻通知出纳主管协同调查并报会计部门经理处理。

4. 发票必须按顺序、按时限使用，不得折本跳页。

5. 发票的开具，必须逐栏、如实，所有联次一次性开具，不得单联填写，不准涂改、撕毁，如有作废，应注明原因，整份完整保存缴销。如发生丢失、损坏，必须实时报告，按规定流程处理。

6. 发票不得转借、转让，不得为其他单位或个人代开，仅限于经营业务收取款项使用。

7. 任何情况不得携带或以任何方法将空白发票带离酒店。

8. 会计部门经理和会计副经理必须定期检查发票的管理和使用情况，监督和责成出纳主管、收银主管防止可能出现的疏漏。

9. 购买商品和其他付款事项，应向收款方取得发票，该发票必须具有税务机关规定的全国统一发票监制章，并由收款方加盖财务专用章或发票专用章，并经开票人签字方可接受。

10. 发票必须符合有关税务规定，内容不得涂改。

11. 对不符合规定的发票，不得接受，不得作为报销凭证。

12. 所收发票金额应与交易事项的金额相符。在正常情况下，发票应直接开给酒店，如有特殊情况，应出具报告说明，并经财务总监批准，方可给予报销。

13. 发票的商品或服务内容应与交易事项相符，不得串通开票单位虚构作假，以相同金额发票顶替。

14. 财务人员应依据取得的发票作为各项报销事项的核销依据。除按报销制度和其他有规定办理的定额包干事项外，所有报销事项均须凭有效发票办理报销手续。

4.2 应收账款管理规范

对于酒店来说应收账款是常用的一个会计科目，随着酒店行业竞争的不断加剧，酒店的应收账款数额也越来越大，更需要规范管理。

4.2.1 应收账款及日常管理

应收账款是酒店重要的流动资产，是酒店在正常经营过程中因销售商品、提供服务等业务，应向顾客收取的款项。酒店常见应收账款处理操作如下所述。

1. 编制每日营业收入传票

通常是根据每日销售总结报告表和试算平衡表来编制每日营业收入传

票，其账务处理如下。

借：应收账款——客账

——街账

——团队

贷：主营业务收入

2. 统计客账、街账分配表

客账、街账涵盖外单位宴会的挂账、员工的私人账、优惠卡及应收回而未收回的账单等内容。收入核数员每天要填写客账、街账统计表并进行分类分配，同时及时将消费明细记录到每一账户中，做到日清月结，为月末填写客账、街账汇总表做准备。

3. 顾客清算后进行账务处理

顾客接到酒店催款通知后，通常应在 30 天内向酒店结算账款，当顾客付款时，酒店应开具正式收据给客人作为结算凭证。收入核数员根据顾客付款内容及金额，每天进行账务处理。编制记账凭证前，还应查明对方单位或个人的账号、款项用途，并填写在每日资金收入记录表中。

4. 超过 60 天的应收账款催缴

根据月结应收款对账单记录及账项，分析报告内容。对超 60 天的应收款挂账客户，应进行再次催款，催款前首先了解尚未付款的账项具体内容，并将情况向财务经理汇报。然后由财务经理签发催款信，连同缴款通知副本寄给客人。交流过程中对顾客提出的问题要及时给予答复，协商解决办法，为尽快清算应收账款排除障碍。

5. 编制记账凭证

根据审核无误的原始凭证编制记账凭证，并将编制的记账凭证输入财务系统。为了加快应收账款的回收，酒店需要规范应收账款的日常管理，可以从以下方面入手。

（1）设置应收账款明细分类账

酒店为加强应收账款的管理，可以在总分类账的基础上，按信用客户的名称设置明细分类账，来详细、有序地记载与各信用客户的款项往来情况。下面先来看看影响应收账款回收金额的因素，通常有以下四种。

①折扣中的现金折扣。

②销货退回与折让。

③销货运费归谁负担。

④坏账。

这四个方面的资料都应在应收账款明细账与销货日记账中进行详细记录。酒店对于这些情况的掌握，不光对维护应收账款的完整性有利，而且还利于酒店把握其经营情况，提高产品和服务质量等。

（2）设置赊销与征信部门

应收账款收回数额的多少及回收时间的长短取决于客户的信用。坏账将造成损失，回收期过长将减弱应收账款的流动性。所以，酒店应设置赊销和征信部门，专门对客户的信用进行调查，并向对企业进行信用评级的征信机构取得信息，以便确定赊购客户的信用状况及付款能力。

（3）严格坏账核销制度

应收账款是由于赊销形成的，故应收账款从产生时就有可能发生坏账的风险，为了减小风险，酒店应实行严格的坏账核销制度，主要包括以下三方面的内容。

①准确判断是否为坏账：坏账核销至少应经两人之手。准确地判断坏账及其金额并不是一件容易的事情，而两人以上的经手有利于防止舞弊。

②清晰记录坏账的核销：在应收账款明细账中应清晰地记载坏账的核销事宜，对已核销的坏账仍要进行专门的管理，只要债务人不是死亡或破产，只要还存在还款可能性都不能放弃。

③严格核销处理程序：对已核销的坏账又重新收回的要进行严格的会计处理，先做冲减应收账款的会计分录，后做收款的会计分录。这样做有利于管理人员掌握信息。

（4）合理使用折扣

为了鼓励顾客及时付款或尽早付款，大多数酒店会采用销售折扣的方式，以加速资金回笼，比如10日内付款享1%折扣等。折扣的确会减少应收账款的风险，但在使用中还应注意使用的对象、方式和提供折扣的范围。比如，现金折扣一般不用于普通客户，而商业折扣尽量少用于赊销方式。

（5）应收账款转让

应收账款转让是指企业将应收账款出让给银行等金融机构以获取资金的一种筹资方式。应收账款转让筹资数额一般为应收账款扣减以下内容后的余额。

①允许客户在付款时扣除的现金折扣。

②贷款机构扣除的准备金、利息费用和手续费。

其中，准备金是指因在应收账款收回过程中可能发生销货退回和折让等而保留的扣存款。通过转让应收账款的方式可以进行融资，融资方式包括应收账款抵押借款和应收账款让售两种。通过抵借或让售可以获得资金，用于生产经营。但利用这两种方式进行融资时，需要注意效益大于成本的原则，即提前使用资金使其增加的收益应大于提前使用这笔资金的成本。

（6）合理使用法律武器

酒店的各项经济活动都应在合法的前提下开展，同时，法律也会保护酒店合法的经济活动。为了保障酒店资金的安全，及时收回应收账款，在进行催收时，可采用法律手段维护自己的合法权益。

4.2.2　建立健全酒店信用政策

信用政策是指企业为对应收账款进行规划与控制而确立的基础性行为规范，是企业财务政策的一个重要组成部分，主要是为了调节企业应收账款的水平和质量。信用政策主要包括信用标准、现金折扣和信用期间三部分内容。

1. 信用标准

信用标准是指顾客获得酒店的交易信用所应具备的条件。如果顾客达不到信用标准，便不能享受企业的信用优惠或只能享受较低的信用优惠。

企业在设定特定顾客的信用标准时，通常会先评估他拖欠款项的可能性，这可以通过“5C”系统来进行。所谓“5C”系统是评估顾客信用品质的五个方面，具体内容如下所示。

①品质（character）：是指顾客的信誉，即履行偿债义务的可能性。

②能力（capacity）：是指顾客的偿债能力，即其流动资产的数量与质量以及与流动负债的比例。

③资本（capital）：是指顾客的财务实力和财务状况，表明顾客可能偿还债务的背景。

④抵押（collateral）：是指顾客付款或无力支付款项时能被用作抵押的资产。

⑤条件（condition）：是指可能影响顾客付款能力的经济环境。

2. 现金折扣

现金折扣是酒店针对顾客在商品价格基础上所做的扣减，是向顾客提供的价格优惠，其主要目的在于吸引顾客为享受优惠而提前付款，缩短酒店的平均收款期。此外，现金折扣也能招揽一些顾客前来消费，借此扩大销售额。

现金折扣通常以“5/10、3/20、*n*/30”的形式来呈现。其中，5/10 表示 10 天内付款，可享受 5% 的价格优惠，如原价为 10 000.00 元，只需支付 9 500.00 元；3/20 表示 10 天到 20 天内付款，可享受 3% 的价格优惠；*n*/30 表示付款的最后期限为 30 天，此时付款无优惠，即按全价付款。

酒店采用什么程度的现金折扣，要与信用期间结合起来考虑。无论是信用期间还是现金折扣，虽然都能给酒店带来收益，但也会增加成本。当企业给予了顾客某种现金折扣，也应考虑折扣所能带来的收益与成本孰高孰低，需要权衡利弊。

3. 信用期间

信用期间是酒店给予顾客的付款期间。比如，某酒店允许顾客在消费后的 50 天内付款，则信用期间为 50 天。信用期过短，不足以吸引顾客，在竞争中会使销售额下降；信用期放长，对销售额增加固然有利，但一味地考虑销售额，盲目增加信用期间，所取得的经济收益容易被随之增长的成本费用抵销，就容易造成利润减少。

因此，酒店必须慎重考虑，规定恰当的信用期间。延长信用期，会使销售额增加，产生有利影响；与此同时应收账款的机会成本、管理成本和坏账损失也会增加，产生不利影响。当前者大于后者时，可以延长信用期，反之则不宜延长。

由此可以看出，无论是过于宽松的政策还是过于严格的信用政策都不利于酒店的长久发展，所以酒店需要制定更规范的信用政策。下面来看一个酒店信用政策制度范本，可供参考。

实用范例　某酒店信用政策制度

一、信贷客户的开立

1. 申请。企业、团体、机关等单位要在酒店采用挂账结算方式的，须填写挂账结算申请表，清楚注明申请单位名称、地址、电话、银行账号、授权签单人及其签名式样，并加盖公章。对于个人申请挂账结算的，必须预先交纳保证金，或者由部门经理以上人员负责担保并承担全部风险。挂账客户须与酒店签订挂账结算合约。

2. 审批。所有挂账申请先经酒店公关销售部门审核申请人填列资料，确保其准确性，并提出信贷限额、信贷期限和信用等级，由财务部门进行复核和风险评估，提出意见后交总经理审批。

3. 旅行社的结算合同。在与旅行社签订结算合同时，除须规定房租及其他优惠价格外，还必须规定挂账累计限额、结算期限、结算币种和结算方式等内容，对于信誉不好的旅行社，则要求交纳一定数额的保证金。

4. 备案。挂账结算申请书按规定程序审核并由总经理审批，财务部门负责信贷的人员需要为申请人开设挂账账户，并发信正式通知申请人。同时，将被批准单位的有关资料整理好编入挂账结算名册，发给酒店各收银点及有关部门，以备查对。

二、信用等级的评定

挂账客户信用等级分为 A、B 两级。客户分级的依据主要根据该挂账单位规模的大小、市场信誉的好坏、合作时间的长短及单位背景等条件进行评审。对于规模大、市场信誉好、合作时间长的客户定为A级信用，对于以上条件较差的客户则列为B级信用。A级客户可免交保证金，价格上给予比B级客户更大的优惠。财务部门根据销售部门提出的意见，进行复查并提出意见，报总经理审批。挂账信用等级可根据合作时期的表现及实际情况进行调整。

三、保证金的收取和信用限额的管理

B级信用客户必须预交与信用限额相同金额的保证金，保证金不能计算利息。财务部门负责信贷的人员在挂账客户消费达到上限前通知对方支付前期款项，否则在满额后必须现付结算。若挂账客户单笔消费额超过信用限额而又需要挂账结算时，必须由营业部门负责人签名担保，担保金额不能超过5 000.00元，担保人负责账款追收并承担风险。

四、结算期限的规定及优惠条件

挂账客户的结算期一般定为15天或30天两种。为了鼓励挂账客户按期结算消费款，销售部门在制定价格时可考虑给予按时结算的客户适当的折扣优惠，但须在合约中注明。

五、逾期结算处理

挂账客户未能按时支付款项时，财务部应及时发出催收信并做好存档，同时向上级汇报并知会销售部门，销售部门有责任协助追收。

六、挂账资格终止

应收账款逾期90天未能结清时，或者挂账消费额超过信用限额而尚未收回账款时，财务部门信贷人员应该提出终止客户挂账消费的报告书，经过总经理审批后生效。信贷负责人除通知对方公司外，同时通知各收银点和有关部门。

七、坏账处理

1. 坏账发生后，业务经办员须承担相关责任。

2. 坏账转销程序如下所述。

（1）财务部门对于顾客的每一笔欠款，经查确实不能收回时，须填写坏账转销报告，列明账款发生日期、数额、追收的经过、不能收回的原因及认定坏账的证据等。

（2）财务部门经理审核坏账转销报告，对造成损失的责任归属提出追究、处理的意见。

（3）总经理对坏账的转销、责任人的处理意见进行审核。

（4）财务部在接到坏账转销的批准后，方能办理转销的账务处理。

（5）作为坏账转销后的应收款，财务部门仍应积极与客户保持联系，随时跟踪有无收回账款的可能性。

八、挂账记录存档

为每一个挂账客户开立独立的挂账账户，保存挂账档案，包括挂账结算申请表、客户相关资料、授权书、往来信函和对账单等。

九、举行挂账分析会议

财务部门经理应每月组织一次挂账分析会议，由总经理、销售经理、各营业部门经理及信贷负责人员参加。财务部门提供应收款报告，包括累计应收款余额、账龄情况、应收款周转天数、逾期未结账情况及呆账情况等，通报客户的信用情况，提出账款结算过程中存在的问题，商议解决办法。

4.2.3　做好坏账准备管理

1. 应收账款管理的常见问题

部分酒店一味地追求收入的增加，而对应收账款的管理不到位，导致应收账款不能及时收回来，从而形成坏账，影响了酒店的经济效益。在酒店管理实践中，对于应收账款的管理常见的问题有以下三方面。

（1）忽视信用政策

许多酒店为了增强竞争力，容易放宽信用政策，这就增大了坏账形成的可能性。此外，酒店行业本身的营销人员因为没有可依照执行的赊销客户信用标准，往往只顾当时促销，对顾客了解不深，造成账款难以收回。

（2）监控措施不到位

许多酒店企业没有很好地掌握或运用现代先进的信息管理技术和方法，在交易发生后对顾客的信用风险缺少评估和预测，没有不定期统计应收账款账龄及增减变动情况，对应收账款坏账准备计提方法的选择和计提比例也没有概念。

（3）收款政策不合理

对于应收账款，酒店应采取各种措施及时催收。但部分酒店由于缺乏必要的收账政策和手段，导致催收人员的工作主动性和积极性不高，致使应收账款回收速度缓慢。

2. 解决常见问题的措施

解决酒店应收账款存在的问题，可参考以下措施。

（1）规范信用政策

规范信用政策要从信用标准和信用条件入手，具体内容如下所述。

①确立信用标准：对于企业客户，可参照“5C”系统来评定对方的信用等级；对于个人来说，可根据以往的经验来判断其信用等级，从而确定适用的信用标准。

②规定信用条件：即规定顾客在赊销时的具体条件，可根据自身情况制定顾客的信用期间及现金折扣政策。

（2）严格监控措施

对应收账款的监控措施主要包括监督应收账款的执行情况和建立坏账准备制度。

①在应收账款形成之后，财会人员应密切关注其回收情况，做好账龄分析。通常，账龄越大，应收账款回收的可能性越小，应计提的坏账准备就越多。所以，密切监督应收账款的执行情况，有助于减小发生坏账的可能性。

②对酒店来说，有赊销业务时，坏账损失是不可避免的，因此酒店在进行赊销业务时，需要遵循谨慎原则，对坏账损失的可能性要预先评估，并提取坏账准备金。

（3）制定合理的收账政策

收账政策是指当顾客违反信用条件，拖欠甚至拒付时，酒店应采取的收账策略与措施。对于不同的顾客应采取不同的措施，如对违反信用条件时间较短的顾客，应不过多地打扰，以免将来失去这一顾客；对违反信用政策时间稍长的客户，可以措辞婉转地发函（信函或电函）催款；对违反信用政策时间较长的客户，可以频繁的信件催款，并加以电话催询；对违反信用政策时间过长的客户，应定期向客户寄发账单，在催款时措辞严厉，必要时再提请有关部门仲裁甚至提起法律诉讼。

4.2.4　建立应收账款管理制度

完善的应收账款管理制度有利于保障酒店资金安全，提高应收账款回收效率。下面来看某酒店的应收账款管理制度，可供参考。

实用范例　某酒店应收账款管理制度

一、成立客户资信评定小组

客户资信评定小组成员由总经理、餐饮部经理、客房部经理、前厅经理、财务部经理和财务主管组成，由总经理担任组长，小组职责如下所述。

1. 每年第四季度对当年度全部协议挂账单位的资信状况进行重新评定，确定是否继续给予信用额度及信用期限等。会议由总经理召集。

2. 审核销售部门新提出的协议挂账单位的资信。

3. 汇总协议挂账单位，报经各级分管人员及总经理批准后由销售部门签订协议。销售部门应将已签订的协议原件送至财务部门，由财务部门发文通知各营业点。

4. 判定对逾期超过三个月未收回的款项是否依据法律程序处理并提请批准。

5. 财务部门应建立客户档案，进行有效的信用评估和跟踪记录，从开发新客户到维护老客户，销售员及经办业务的各级管理人员都应全面了解客户的资信状况，选择信用良好的客户授信。

二、挂账单位信用等级的评估标准

客户信用等级的评估是为了加强信用限制，并为客户分析提供依据。信用等级的评估，以客户的公司规模和财务状况为核心，依据客户上一年度的消费实力和付款记录进行评定，同时结合各客户的实际状况及潜在的风险进行分析。信用等级为 A、B、C 三个等级，A 级为无须供应保证金，即可给予授信额度，如政府、大型国企等；B 级为需缴纳保证金或不缴纳保证金而给予金额较小的授信额度，如信用好、消费实力高、有提升为 A 级潜质的外资企业、民营企业等；C 级为不予授信。

三、挂账单位的信用条件

1. 挂账单位均应是经客户资信评定小组评估后可授信或续签的，且与销售部门签订协议的客户。

2. 全部挂账消费账单，必须经协议单位有效签单人签字确认或附挂账单位付款确认函。协议挂账单位消费时手续不齐全的，经酒店销售代表同意后予以挂账的，视同临时挂账。消费挂账须具备完整的书面手续，如订房单、合同和经有效签单人签字的书面手续。

3. 挂账协议客人消费签单时，各营业点应仔细核对签名字样及相应的单位名称。若因各营业点工作疏忽造成账款无法收回的，酒店按呆坏账处理方法追究责任人责任。

四、挂账单位信用期限及个人临时担保额度

1. 协议单位，如企业、事业单位的信用期为一个月。特别状况须报客户资信评定小组审批后签订执行。

（1）信用期：协议单位消费的次月属于信用期内。

（2）逾期：指协议单位已超过 1 个月的信用期限，按报表时间分为逾期 1 个月、2 个月、3 个月及 3 个月以上的。

2. 个人临时担保的欠款原则上应于 7 天内收回，最长不得超过 15 天。

3. 财务部门依据各销售员的临时担保状况，每半个月公布一次个人临时担保状况。超过担保额度则停止临时担保权限；待款项收回则复原个人担保权限。

4. 全部客账须离店即结，收银员不得压单不结或延期结账。

五、挂账单位的收款管理

1. 财务部门须仔细审核每一笔挂账账单，保证每笔签单单据的完整性和有效性，并依据不同单位建立应收款账户。每月底财务人员将核对好的各单位应收账款余额表给销售部门，由其销售人员进行催收。

2. 凡个人担保的临时账款，财务部门在挂账后 5 个工作日内（遇节假日顺延）将账单、发票整理好并通知相关担保人，担保人为该账款催收责任人，应确保在信用期内收回账款，财务部门催账员可帮助其催收。

3. 财务部门在账款到账当日通知销售部门，对于大笔款项及逾期收回的款项应告知销售部门，并在每月底编制应收款账龄分析报告，报送相关部门。

六、逾期账款的催收

1. 对逾期账款的催收，要采用多种方法清讨，催收账款责任到位，原则上由销售部门负责，财务部门帮助催讨。财务部门对已发生的逾期账款，可按其账龄和收取难易程度，逐一分类排序，找出拖欠缘由，明确落实催讨责任。对于的确存在追讨困难的单位，应马上上报客户资信评定小组，由客户资信评定小组成员依据客户实际状况商讨催收策略。

…………

七、有信用问题的客户管理

财务部门将依据挂账单位付款及消费实力状况，把逾期 3 个月以上的客户报客户资信评定小组审核，经过评估确定处理方法。

1. 对于收款风险较小的客户允许继续签单消费，同时销售部门和财务部门应主动协作，一方面加强逾期款项的催收力度，另一方面应重点给予关注与跟踪，视状况进行调整。

2. 对列入黑名单的客户应马上停止签单消费并通知各营业收银点，同时销售部门和财务部门应主动协作，将黑名单客户的所欠款项追讨回来。若追讨过程有困难，则报客户资信评定小组批准，是否按法律程序处理。

3. 各营业收银点若因疏忽或其他缘由接受已被列入黑名单的客户挂账而发生损失，酒店将追究相关人员责任。

4. 对于已列入黑名单的客户三年内不得申请授信。若特别缘由须重新申请授信的客户，经审核后给予一年的考察期，期满后重新进行评估，确定是否复原授信。

酒店的应收账款越多，代表酒店资金回收的速度越慢，回收时间越长，相应的财务风险也会增加。为了尽快回收资金，保障酒店营业收入的资金安全，财务部门需制定规范的应收账款催收制度，提高账款催收效率。

4.3　采购与存货管理规范

采购与存货管理也是酒店管理的重要环节，规范采购与存货管理各项流程，有利于促进财务部门的精细化管理。

4.3.1 酒店物资日常管理

酒店物资管理是对酒店所需要的各项物资进行计划、采购、保管、使用及回收，使它们有效地发挥应有的使用价值。酒店物资管理主要包括以下内容。

①核定酒店各种物资需求量，编制物资供应计划，并根据市场情况、酒店业务发展情况的变化不断修正供应计划。

②全面了解酒店所需的各种物资的特性，熟悉各种物资的保管及储藏方法。

③制定严密的物资管理制度，规范酒店各类物资的流通程序，明确物资流转过程的管理方法和规章制度。

④核定酒店各类物资的消耗定额，监督各类物资的使用过程，使所有物资在酒店的运营过程中充分发挥其应有的使用价值和经济效用。

⑤用各种方法回收酒店各种尚有利用价值的物资并设法使其再生，达到物尽其用、节约经营成本的目的。

酒店物资可以按照其价值、自然属性及使用方向进行划分。其中，按物资的价值可以分为以下几类，见表 4-3。

表 4-3 按物资的价值分类

分类	具体介绍
低值易耗品	是指不符合固定资产确认条件的各种工具、用品及器具，如办公用具、服务工具、劳保用品、仪器仪表、餐具和摆设饰等，与固定资产相比，低值易耗品的价值较低，使用寿命较短
物料用品	是指酒店在服务、办公及日常管理中使用的一次性消耗或价值较低的非耐用品，包括客用消耗品、清洁用品等
大件物资	是指价值比较高的各类物资用品

按物资的自然属性可以分为棉织品、装饰用品、清洁用品、服务用品、玻璃用品、食品原料、餐具茶具和办公用品等。按物资的使用方向可以分为客用物资、食品原料、维修用料、安全防护用品、后勤用品等。

由于酒店物资具有种类繁多、采购量大、单位价值小等特点，且广泛分布在各个部门，因此不利于集中管理。常见的物资管理体系主要有以下三种，酒店可根据自身情况选择适合的管理方式。

第一种，财务部门实际控制酒店物资管理：这种物资管理体系由财务部门全面管理酒店物资的运转，包括直接管理酒店物资的采购、验收、保管和发放，领导各部门的物资保管工作与核算工作。各部门的二级采购、验收、保管和发放在业务上归酒店财务部门直接管理。

第二种，物资管理中心统一控制管理酒店的物资：在财务总监架构下设置物资管理中心，进行物资的采购、验收、仓储、发放与核算，取消部门二级仓库，由物资管理中心设立一个由计算机管理的类似超市的总仓库，分区域存放酒店的所有物资，引进超市管理办法，统一批量采购。

第三种，集中和分散相结合的物资管理：这种方式是指物资的价值运动由财务部门统一控制，而实物采购则一分为二，餐饮原料由餐饮部门直接采购，工程部门的零配件由工程部门直接采购，其余的物资则由采购部门集中采购。

4.3.2　酒店物资仓库管理

物资的仓库管理是使仓库功能得以充分发挥的保障，规范的仓库管理能够提高仓库利用效率，加快存货周转速度，提高物资保管的安全性与质量。仓库管理主要包括制订仓储计划、物资的入库与出库管理、库存管理及仓储技术管理这几方面的内容，详细介绍如下。

1. 制订仓储计划

仓储计划通常包括出入库计划、保管与养护计划、设施设备使用计划和仓储费用计划等。完善的仓储计划能够提高仓库的利用效率，加快物资的周转，维护仓库物资储量的平稳，及时满足酒店的物资需求。

2. 物资的入库与出库管理

（1）入库管理

接收、验收货物并登记入库是仓库管理中重要的一环节，在接收货物之前要做好充分的准备，在验收货物时要一丝不苟，仔细核对送货单或合同书等凭据上的内容是否与实物相符。酒店物资入库流程如下所述。

①由采购部门审核订单，根据酒店实际情况核定进货数，防止出现库存积压、滞销等情况。在订单录入后，采购部门通知供货商送货时间，并及时通知仓库。

②当商品从厂家运抵仓库时，验收员必须严格认真检查商品外包装是否完好，若出现破损、缺斤少两、临近有效期等情况，验收员应及时上报采购部门。

③确定商品外包装完好后，验收员须依照相关单据对进货商品品名、数量、规格、金额、单价、有效期进行核实，核实正确后方可入库保管；若单据与商品实物不相符，应及时上报采购部门。

④入库商品在搬运过程中，应按照商品外包装上的标识进行搬运。在堆码时，应按照仓库堆放距离要求、先进先出的原则进行。

⑤入库商品明细必须由验收员和酒店仓库管理人员核对签字认可，做到账货相符。商品验收无误后，酒店仓库管理员应依据验收单及时记账，详细记录商品的名称、数量、规格、入库时间、单证号码、验收情况和供货单位等。

（2）出库管理

出库管理是仓库管理的最后一个环节，但是也不可忽视，必须保证数量、品种及收货人等核对无误。出库一般流程如下所述。

①由业务部门开具出库单或调拨单，或者采购部门开具退货单。单据上应该注明产地、规格和数量等。

②仓库收到以上单据后，在对出库商品进行实物明细点验时，必须认真清点核对，若无误方可签字出库，否则造成的经济损失，由当事人承担。

③出库要分清实物负责人和承运者的责任，在出库时双方应认真清点核对出库商品的品名、数量、规格等，以及外包装完好情况，办清交接手续。

④商品出库后酒店仓库管理员应在当日根据正式出库凭证销账，并清点货品结余数，做到账货相符。

3. 库存管理

进行库存管理主要包括以下事项。

①对每件货物的存放情况一目了然，如存在哪个区、哪列甚至哪排等。

②对货物进行堆码管理，包括货物堆放高度、宽度的合理性及货物堆码结构与其稳定性。

③对仓库防火设备、消防措施的可靠性和有效程度进行管理。

④对仓库地面的承载及库内通风、散热、防寒和保暖等进行管理。

4. 仓储技术管理

仓储技术管理主要包括保养好仓储物资及合理设置仓储技术参数。由于仓库物资保存具有一定时效性和技术性，因此，对库存物资的保养包括做好防霉、防燃烧、防爆炸和防侵蚀等安保工作。

同时，由于仓库面积的有限性，为了最大化利用仓库的面积，需要合理设置仓库的各项参数，如库房建筑的有效面积、库房面积利用率等。

4.3.3　酒店存货分类及控制

存货是酒店资产的重要组成部分，是酒店在日常经营过程中为出售或耗用而储备的各种实物资产。酒店存货按其来源和用途可以分为以下几类，见表 4-4。

表 4-4　存货分类

分类	具体介绍
原材料	如用于餐饮的食材、调料、饮品原料
在产品	如厨房尚未加工完成的食品等
产成品	已经加工完毕等待销售的产品
低值易耗品	如文具、办公用品等
库存商品	如购入准备销售给顾客的日用品等

由于酒店企业存货品种繁多、需求量大和价格各异等特点，如何根据存货的不同特点采取不同的控制措施，提升存货管理水平，就成为存货控

制的主要问题。而 ABC 分析法可以很好地解决这一问题。

ABC 分析法又称分类管理法或重点管理法，是指将存货按品种和占用资金的多少分为特别重要的库存（A 类）、一般重要的库存（B 类）、不重要的库存（C 类）三个等级，然后针对不同等级分别进行管理和控制。ABC 分类的依据是库存中各物品累计品种数及累计金额分别占总品种数及总金额的比例。对于怎样划分各物品累计所占的比例，没有一个统一的标准，常见标准见表 4-5。

表 4-5　ABC 分析法分类标准

类别	累计占总品种数比例（%）	累计占总金额比例（%）
A	5 ～ 20	60 ～ 90
B	20 ～ 30	10 ～ 25
C	60 ～ 65	0 ～ 15

由表 4–5 可以看出，A 类物品所占品种比例较小，但是占用了总金额的大部分，所以需要重点进行库存管理；B 类物品其品种比例和所占金额比例大体相似，是需要进行常规管理的项目；C 类物品虽然消耗金额小，但是由于数量巨大，也会消耗大量的管理成本，是需要精简的部分，通常进行一般管理。

ABC 分析法控制存货的关键点在于管理关键的少数，即需要对 A 类存货进行重点管理。酒店可以参考以上标准分别对 A 类、B 类和 C 类存货进行管理，具体内容如下所述。

① A 类存货：需要随时监控 A 类存货需求的动态变化，分析预测哪些是日常需求，哪些是临时集中需求，使库存与各种需求相适应。尽可能缩短订货提前期，对交货期限加强控制。科学设置最低定额、安全库存，防止缺货发生；监控供应商的在途物资，包括品种、数量和到货时间；与供应商共同开发替代品，降低采购成本；制定应急预案，每天进行盘点和检查。

② B 类存货：对此类存货可以采用定量订货方法，每周要进行盘点和检查，按需采购。

③ C 类存货：此类存货品种数量多，但消耗金额占比小，不应投入过

多的管理精力，可批量采购，获得价格上的优惠。简化库存管理，可以多储备一些关键物料，避免发生缺货现象。每月盘点一次，对于积压物品和不能发生作用的物料，应该每周向公司决策层通报，及时清理出库。

采用 ABC 分析法进行存货控制的一般步骤如图 4-1 所示。

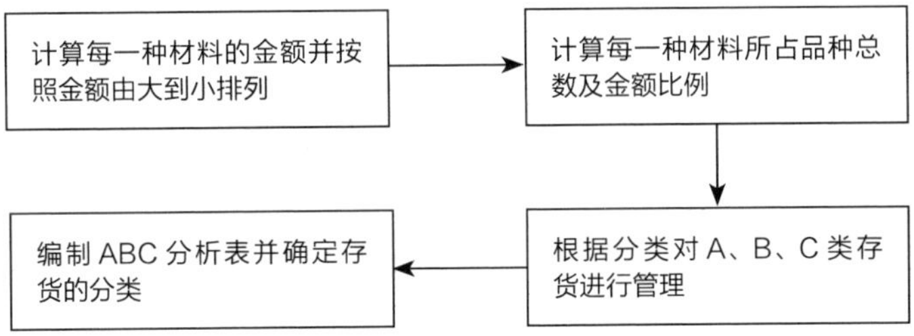

图 4-1　ABC 分类法应用步骤

下面通过一个案例来了解 ABC 分析法的应用。

实用范例 ABC 分析法在存货管控中的应用

某企业持有十种库存商品，有关资料见表 4-6。为了对这些存货进行有效管理，该企业打算采用 ABC 分析法，具体应如何进行管理？

表 4-6　某企业存货资料

商品编号	单价 / 元	库存量 / 件
①	5.00	250
②	7.00	1 100
③	1.00	250
④	2.00	150
⑤	1.00	260
⑥	2.00	120
⑦	5.00	45
⑧	2.00	650
⑨	4.00	50
⑩	3.00	2 000

计算出以上每种存货的合计金额，按照商品所占金额从大到小进行排序，计算出累计金额，再计算出每一种存货占品种比例及金额比例，即可得出表 4-7

的各项数据。

表 4-7 存货相关数据

存货编号	单价 / 元	库存量 / 件	合计金额（元）	累计金额（元）	累计占全部品种比例（%）	累计占全部金额比例（%）
②	7.00	1 100	7 700.00	7 700.00	10	43.44
⑩	3.00	2 000	6 000.00	13 700.00	20	77.29
⑧	2.00	650	1 300.00	15 000.00	30	84.63
①	5.00	250	1 250.00	16 250.00	40	91.68
④	2.00	150	300.00	16 550.00	50	93.37
⑤	1.00	260	260.00	16 810.00	60	94.84
③	1.00	250	250.00	17 060.00	70	96.25
⑥	2.00	120	240.00	17 300.00	80	97.60
⑦	5.00	45	225.00	17 525.00	90	98.87
⑨	4.00	50	200.00	17 725.00	100	100

其中，“合计金额”表示存货单价与库存量乘积；“累计金额”表示按照顺序计算的各存货的合计金额的累计之和，或者各存货的累计金额等于该存货的合计金额加上前一项存货的累计金额之和，如存货⑧的累计金额等于（存货② + 存货⑩ + 存货⑧）的合计金额之和，也可以用存货⑧的合计金额加上存货⑩的累计金额。

“累计占全部品种比例”表示存货品种累计之和占全部品种之和的比例，如品种⑩，在品种⑩之前还有品种②，故品种⑩所占全部品种的比例为（1+1）/10，即 20%；“累计占全部金额比例”表示各存货的累计金额占全部总金额的比例，如商品⑥累计占全部金额的比例为（17 300.00÷17 725.00）×100%=97.60%，后续也以此计算即可。结合 ABC 分类法可以得出 ABC 分类表，见表 4-8。

表 4-8 ABC 分析表

分类	合计金额（元）	累计占全部品种数百分比（%）	累计占全部金额百分比（%）
A 类：②、⑩	13 700.00	20	77.29
B 类：⑧、①	2 550.00	20	14.39
C 类：④、⑤、③、⑥、⑦、⑨	1 475.00	60	8.32

表 4–8 中，存货②与存货⑩累计占全部品种数百分比为 20%，合计金额占总金额比例为 77.29%，符合 A 类存货的标准，即 5% ~ 20% 和 60% ~ 90%，故归为 A 类；后续 B 类、C 类也按相关标准进行划分即可。

对于 A 类存货需要重点管理，酒店需要定期对它们进行盘点，详细控制存货的使用、存量增减，加强进货、发货管理，维持安全库存量，既要降低库存，又要防止缺货，加快库存周转。对于 B 类可采取一般管理。对于 C 类存货可批量进货，取得价格优惠。

从上述案例可以看出，ABC 分类法将企业的存货按照重要性进行了分类，便于企业对重点存货进行重点管理，有助于优化酒店存货管理水平。

4.3.4　存货的计价方法

存货计价方法是一种会计账务处理方法，不同的计价方法会对存货的估价及利润的计算产生不同影响。

在企业实际工作中，常用先进先出法、加权平均法和个别计价法来确定发出存货的实际成本。其中，加权平均法又包括移动加权平均法。下面来详细介绍存货的计价方法，具体内容见表 4-9。

表 4-9　存货计价方法

计价方法	具体介绍
先进先出法	先进先出法是假定先收到的存货先发出或先收到的存货先耗用，并根据这种假设对发出存货和期末存货进行计价的一种方法。采用这种方法，先购入的存货成本在后购入的存货成本之前转出，据此确定发出存货和期末存货的成本。具体方法是：收入存货时，逐笔登记收入存货的数量、单价和金额；发出存货时，按照先进先出的原则逐笔登记存货的发出成本和结存金额。 先进先出法可以随时结转存货发出成本，但比较烦琐；当存货收发业务较多，且存货单价不稳定时，其工作量较大。在物价持续上升时，期末存货成本接近于市价，而发出成本偏低，会高估企业当期利润和库存存货价值；反之，会低估企业存货价值和当期利润
加权平均法	加权平均法又叫月末一次加权平均法，是根据期初存货结余和本期收入存货的数量及进价成本，在月末一次计算存货的本月加权平均单价，作为计算本期发出存货成本和月末库存存货成本的单价，以求得本期发出存货成本和月末库存存货成本的一种方法

续上表

计价方法	具体介绍
加权平均法	月末一次加权平均法的计算方式如下。 存货单位成本 =[月初库存存货的实际成本 + ∑（当月各批次进货的实际单位成本 × 当月各批次进货的数量）]÷（月初库存存货数量 + 当月各批次进货数量之和） 当月发出存货成本 = 当月发出存货的数量 × 存货单位成本 当月月末库存存货成本 = 月末库存存货的数量 × 存货单位成本 采用加权平均法只需要在月末计算一次加权平均单价，比较简单，有利于简化成本计算工作，但由于平时无法从账上提供发出和结存存货的单价及金额，因此不利于存货成本的日常管理与控制
移动加权平均法	移动加权平均法是指每次收货后，都根据库存存货数量和总成本计算出新的平均单价或成本的一种方法，计算方式如下。 存货单位成本 =（原有库存存货实际成本 + 本次进货的实际成本）÷（原有库存存货数量 + 本次进货数量） 本次发出存货的成本＝本次发出存货数量 × 本次发货前存货的单位成本 本月月末库存存货成本＝月末库存存货数量 × 本月月末存货单位成本 由于移动加权平均法每进一次货就要计算一次单位成本，因此用该方法计算出来的单位成本比较准确客观，便于及时了解存货的结存情况；但同时，每次都需要重新计算存货单位成本，工作量比较大，对于收发货较频繁的企业不适用，一般适用于经营品种不多或前后购进商品的单价相差幅度较大的企业
个别计价法	个别计价法是以每次（批）购入存货的实际成本作为计算该次（批）发出存货成本的依据，计算方式如下所示。 每次（批）存货发出成本 = 该次（批）存货发出数量 × 该次（批）存货实际购入的单位成本 采用个别计价法，成本计算比较准确，但在存货收发频繁的情况下，发出存货成本计算的工作量较大。因此，这种方法适用于一般不能替代使用的存货或为特定项目专门购入的存货等，如珠宝、名画等贵重物品

下面来看一个案例。

实用范例 存货的计价方法

某酒店 20×× 年 8 月有关原材料（面粉）的收发业务资料如下所示。

期初结存数量 500 千克，单价 2.00 元。8 月 2 日购进 300 千克，单价 2.20 元；8 月 15 日购进 400 千克，单价 2.18 元；8 月 26 日购进 200 千克，单价 1.98 元。8 月 1 日、10 日、18 日和 25 日分别发出 200 千克、300 千克、200 千克和 200 千克。

①若采用先进先出法，则该酒店 8 月份发出存货成本计算如下。

当月发出存货成本 =200×2.00+（500−200）×2.00+200×2.20+[（300−

200）×2.20+100×2.18]=400.00+600.00+440.00+438.00=1 878.00（元）

②若采用月末一次加权平均法，则该酒店 8 月份发出存货成本计算如下。

存货单位成本 =(500×2.00+300×2.20+400×2.18+200×1.98)÷(500+300+400+200) =（1 000.00+660.00+872.00+396.00）÷1400=2.09（元 / 千克）

当月发出存货成本 =（200+300+200+200）×2.09=1 881.00（元）

从上述案例可以看出，采用不同的计价方法计算出的发出存货成本是有差异的，采用哪种计价方法还需要结合酒店实际经营情况确定。

4.4　固定资产管理规范

固定资产是酒店赖以生产经营的重要资产，精细化管理酒店资产也需要对固定资产进行规范管理。

4.4.1　固定资产种类及日常管理标准

固定资产是指企业为生产产品、提供劳务、出租或经营管理而持有的、使用时间超过 12 个月的，价值达到一定标准的非货币性资产，酒店固定资产主要包括房屋建筑、机器设备、电梯设备、家具设备、电器及影视设备、文娱设备、电子设备和餐具厨具等。

对固定资产的日常管理主要包括固定资产的购置、使用、折旧和报废等方面的内容。很多酒店都会专门制定固定资产管理制度，以此更好地管理固定资产。下面来看一个固定资产管理办法，可供参考。

实用范例　某酒店固定资产管理办法

第一条 为加强对固定资产的管理与限制，特制定本办法。

第二条 固定资产是指酒店使用期限超过一年，单位价值超过 2 000.00 元的房屋、建筑物、机器、机械、运输工具及其他与经营有关的设备、器具和工具等。

第三条 固定资产按直线法每月计提折旧，计提折旧时预留 5% 的残值。

第四条 固定资产的分类见表 4-10。

表 4-10 固定资产分类

类别	具体介绍
房屋及建筑物	房屋包括营业用房与非营业用房；建筑物包括蓄水池、停车场、园林设施、围墙和室外游泳池等
机器设备	①供电系统设备，包括变压器、发电机等。 ②供热系统设备，包括锅炉、管道等。 ③洗涤设备，包括洗衣机、干洗机等。 ④厨具，包括冰箱、冷柜和洗碗机等。 ⑤其他设备，包括电梯、打印机和收款机等
家具设备	包括床、沙发、被套、餐桌和柜台等设备
地毯	包括纯毛地毯、化纤地毯等
电器设备	如冰箱、电视机和音响设备等
文娱设施	如健身房、游泳馆等
其他设备	如工艺摆设、消防设备等

第五条 固定资产的购置与验收

固定资产由工程部门统一负责购置，购置前须填写固定资产购置申请单，经总经理审批后，方可办理采购。低值易耗品购入后，统一由使用部门负责验收，验收人员应仔细核对固定资产的类别、数量、规格和型号等，看是否与购置申请单一样。固定资产验收核对无误后，验收人员在验收单上签字，并交使用部门负责人签字。验收单一式四联，第一联为存根联，由使用部门留存，并据以填写本部门的资产清单；第二联为财务记账联；第三联为使用部门联；第四联为结算联，由经办人据以办理报销手续。使用部门验收固定资产后，由财务部门与使用部门共同签订财产管理责任书。

第六条 固定资产的账簿设置

1. 会计主管设置固定资产总账；资产按类别设置明细账；按类别、品名、购入时间设置台账，台账应具体登记固定资产品名、原值、折旧年限、残值和已提折旧等内容。

2. 使用部门建立部门资产清单，并按使用管理人建立固定资产卡片，管理责任要明确到人。

第七条 固定资产的内部调拨

公司内部实体之间固定资产相互调拨，必须经过部门办理如下调拨手续。

1. 由使用部门填制固定资产内部调拨单，一式四份，由公司财务部门、调出部门和调入部门各一份。

2. 固定资产调出部门和调入部门负责人及核算员在调拨单上签字。

3. 财务部门有关人员在调拨单上签章。

4. 固定资产调出部门和调入部门办理固定资产转移手续。

5. 财务部门及调入部门和调出部门分别变更固定资产管理责任书。

第八条 固定资产出售

公司出售固定资产，必须办理如下手续。

1. 公司财务部门与使用部门共同填写固定资产转让销售审批单，说明转让的缘由，建议价格及固定资产的原值、净值和已运用年限等内容。

2. 由工程部门有关技术人员签署意见。

3. 总经理签署审批意见。未经上述程序，一律不得转让固定资产。

第九条 固定资产的报废

1. 固定资产报废由使用部门或保管部门填写固定资产报废审批单，列明固定资产的报废缘由及固定资产的原值、净值等基本状况。

2. 由工程部经理或有关技术人员签署意见。

3. 由总经理签署审批意见。

4. 经批准报废的固定资产，有残余价值一律转入废料仓库进行管理。

5. 同时，财务部门将批准报废的固定资产净值转入“固定资产清理”科目核算。财务部门、使用部门的固定资产，由职能管理部门同时在有关账表上冲减固定资产数量。

第十条 固定资产的盘点

1. 固定资产的清查

应由财务部门会同使用部门、工程部门一起进行。每季度应对账目核对一次，每年年终决算前对全部固定资产采取“实地盘点法”清查盘点一次。

2. 固定资产清查中发现盘盈、盘亏和毁损的固定资产，各部门无权自行处理，必须仔细查明缘由，写出处理意见。编制固定资产盘盈（亏）报告表，上报总经理批准后才能处理。

3. 盘盈的固定资产依据重置完全价值减去估计折旧后的差额计入当期损益，盘亏及毁损的固定资产，依据原价扣除累计折旧、变价收入和过失人及保险公司赔损后的差额计入营业外收支。

4. 每季末实行季末盘点，由公司会计人员亲自到各部门进行固定资产盘点，并办理财产管理责任书的签字手续。因人为原因造成资产受损的，由责任人本人负全责。

4.4.2 固定资产的折旧管理

固定资产折旧指企业在生产经营过程中因使用固定资产而使其损耗，导致价值减少仅余一定残值，需将其原值与残值之差在其使用年限内分摊。确定固定资产的折旧范围是计提折旧的前提，固定资产折旧范围见表 4-11。

表 4-11 固定资产折旧范围

类别	范围
计提折旧的固定资产	①房屋建筑物。 ②在用的机器设备、仪器仪表、运输车辆、工具和器具。 ③季节性停用及修理停用的设备。 ④以经营租赁方式租出的固定资产和以融资租赁方式租入的固定资产
不计提折旧的固定资产	①已提足折旧仍继续使用的固定资产。 ②以前年度已经估价单独入账的土地。 ③提前报废的固定资产。 ④以经营租赁方式租入的固定资产和以融资租赁方式租出的固定资产

根据相关规定，固定资产计算折旧的最低年限如下所述。

①房屋建筑：折旧年限为 20 年，房屋包括营业用房、办公用房、库房、住宿用房、食堂及其他房屋等；建筑物包括场、路、桥、平台及独立于房屋和机器设备之外的管道、烟囱和围墙等，还包括一些房屋建筑附属设施，如电梯、卫生设备等。

②飞机、火车、轮船、机器、机械和其他生产设备：折旧年限为 10 年，其中，机器、机械和其他生产设备包括各种机器、机械、机组、生产线及其配套设备，各种动力、输送和传导设备等。

③与生产经营活动有关的器具、工具和家具等：折旧年限为 5 年，此

类固定资产是除机械、机器和其他生产设备之外，与生产经营活动有关的生产工具，它们是在生产经营过程中起到辅助作用的器具、工具和家具等。

④飞机、火车、轮船以外的运输工具：折旧年限为 4 年，包括汽车（小型汽车、越野汽车）、电车、拖拉机、摩托车（艇）、机帆船、帆船及其他运输工具。

⑤电子设备：折旧年限为 3 年，包括电子计算机及由电子计算机控制的机器人、数控或程控系统等。

固定资产通常会按照一定的方法进行折旧，主要有年限平均法、工作量法、年数总和法和双倍余额递减法四种，具体内容见表 4-12。

表 4-12　固定资产折旧方法

方法	具体介绍
年限平均法	年限平均法也称“直线法”，是指将固定资产的应计折旧额均衡地分摊到固定资产预定使用寿命内的一种方法。采用这种方法计算的每期折旧额相等，计算公式如下。 固定资产年折旧额 =（固定资产原值 - 预计净残值）÷ 预计使用年限 固定资产年折旧率 =（1- 预计净残值率）÷ 预计使用寿命（年）×100%；月折旧率 = 年折旧率 ÷12 固定资产月折旧额 = 固定资产原价 × 月折旧率
工作量法	工作量法是根据实际工作量计算每期应提折旧额的一种方法，计算公式如下。 单位工作量折旧额 = 固定资产原价 ×（1- 预计净残值率）÷ 预计总工作量 某项固定资产月折旧额 = 该项固定资产当月工作量 × 单位工作量折旧额
年数总和法	年数总和法是指将固定资产的原价减去预计净残值后的净额，乘以一个以各年年初固定资产尚可使用年限做分子，以预计使用年限逐年数字之和做分母的逐年递减的分数计算每年折旧额的一种方法，其计算公式如下。 年折旧率 = 尚可使用年限 ÷ 预计使用年限的年数总和 ×100% 预计使用年限的年数总和 =n×（n+1）÷2 月折旧率 = 年折旧率 ÷12 固定资产月折旧额 =（固定资产原价 - 预计净残值）× 月折旧率
双倍余额递减法	双倍余额递减法是指在不考虑固定资产预计净残值的情况下，根据每期期初固定资产原价减去累计折旧后的余额（即固定资产净值）和双倍的直线折旧率计算固定资产折旧额的一种方法，计算公式如下。 年折旧率 =2÷ 预计使用寿命（年）×100% 月折旧率 = 年折旧率 ÷12 月折旧额 = 固定资产净值 × 月折旧率 采用双倍余额递减法计提折旧的固定资产，通常在其折旧年限到期前两年内，要将固定资产净值扣除预计净残值后的余额进行平均分摊

实际工作中，企业一般按月计提固定资产折旧。企业在实际计提固定资产折旧时，当月增加的固定资产，当月不提折旧，从下月起计提折旧；当月减少的固定资产，当月照提折旧，从下月起不提折旧。固定资产提足折旧后，不论能否继续使用，均不再计提折旧；提前报废的固定资产，也不再补提折旧。下面来看一个案例，了解固定资产折旧额的计算方法。

实用范例 **固定资产折旧额计算**

甲酒店 2024 年 6 月投入使用一台设备，该设备原值 134.00 万元。预计可使用 5 年，净残值为 4.00 万元，采用年限平均法计提折旧。2024 年该设备应计提折旧额多少？

根据年限平均法计算公式可以得出，酒店 2025 年该设备应计提折旧额 =（134.00 −4.00）÷5=26.00（万元）。

4.4.3 固定资产的维修与保养

从前述内容可以知道，随着时间的变化，固定资产会发生折旧，所以需要及时对固定资产进行维修与保养，使得资产利用最大化。对于酒店固定资产的维修与保养，主要是做好日常使用的维护和定期保养。在固定资产的日常使用中，需要做好以下事项，具体内容见表 4-13。

表 4-13 固定资产的日常管理

事项	具体介绍
日常使用规则	在日常使用过程中，操作人员必须能够熟练地使用设备，了解设备的结构、性能等，掌握设备的正确操作，及时对设备进行维护。同时，还需熟悉设备日常检查的方法、标准等
操作人员	对于重要的设备，需要对操作人员实行定人定机制，严格遵守安全操作规范，认真完成工作交接，做好交班记录，不得随意离开岗位
使用部门	各使用部门应爱护好设备，设备购买、借用等需严格按照程序进行，要经常保持设备整洁，文明操作

在日常管理的同时，使用部门及人员还需要定期对固定资产进行维修与保养，才能有效延长固定资产寿命，提高利用效率。同时，做好维修与保养也能防患于未然，节约未来维修费用，降低成本，有助于提升酒店经

济效益，具体可参考以下措施。

①设备操作人员上班前要对各设备进行检查，按程序正确使用设备，下班前做好清洁与交班工作。

②定期对设备的各部件进行检查，及时更换零部件等。

③对可拆卸的部件进行定期清洁、擦拭，保持干净。

除了上述措施外，对一些酒店常用的设施设备还需要注意维护保养，具体内容见表 4-14。

表 4-14　常用设施设备维护保养措施

设施设备	维护保养措施
电视、电脑	在清洁时不使用有机化合物擦拭表面，不用硬物碰触和挤压表面，搬运时轻拿轻放，防止水洒进机内造成短路，遇到故障或异常时要及时与维修人员联系
冰箱、空调	位置摆放正确稳当，在除霜时，不得用金属物质铲去冰霜，避免造成制冷剂泄漏损害设备，湿手不要去开冰箱门，以防漏电危险
吸尘器	使用吸尘器时注意不要吸潮湿的地毯，以避免电机被烧毁
电梯	在使用时注意快进快出，防止出现夹伤。不要使用酸性物质擦拭电梯表面，以防表面腐蚀，也不得使用有机化合物，如酒精、汽油等
灯、开关和插座	擦拭时要用干抹布，以防发生触电危险；更换灯具时，手不要接触金属部分，如遇开关插座松动、发热时要及时报修；壁灯、吊灯不能有歪斜现象，调整不好时要及时报修
房门	要保持门表面光洁，擦拭时不能用太湿的抹布，检查门锁是否好用，擦拭金属部分不得用酸碱物质，以避免损坏表面
桌子、椅子	对于木制品桌子、椅子需要轻拿轻放，湿了要及时擦干
厨房设备	要放在少油、湿度小的地方，避免潮湿；同时也要注意多清洁

4.4.4　固定资产的清查盘点

由于固定资产的重要性，在管理固定资产时更需要仔细认真核对、盘点。固定资产的盘点就是对固定资产进行实物清点，以确定各种财产物资在一定时期内的实存数。盘点的方法通常是先将“固定资产”账户的余额与固定资产明细账（固定资产卡片）的原始价值金额之和进行核对，然后由固定资产管理部门、使用部门和财务部门共同盘点。固定资产的盘点通常至少应该一年一次。

1. 固定资产盘盈

固定资产盘点的结果有盘盈、盘亏和账实相符三种情况。固定资产盘盈是指在清查盘点过程中发现未曾入账或超过账面数量的固定资产，盘盈的固定资产要查明原因，并按规定报主管部门审批，同时调整账面记录。

根据相关规定，固定资产盘盈应作为前期差错更正记入“以前年度损益调整”科目，相关会计分录如下所示。

①盘盈固定资产时。

借：固定资产

　　累计折旧

　　贷：以前年度损益调整

②计算所得税时。

借：以前年度损益调整

　　贷：应交税费——应交所得税

③补提盈余公积时。

借：以前年度损益调整

　　贷：盈余公积

④调整利润分配时。

借：以前年度损益调整

　　贷：利润分配——未分配利润

下面来看一个案例，了解盘盈固定资产的账务处理。

实用范例　固定资产盘盈账务处理

某酒店于2024年1月在财产清查过程中，发现2023年8月购入的一台设备尚未入账，重置成本为50 000.00元。假定该酒店按净利润的10%计提法定盈余公积，该企业适用的所得税税率为25%则该酒店盘盈固定资产的账务处理如下所示。

①盘盈固定资产时

借：固定资产　　　　　　　　50 000.00

　　贷：以前年度损益调整　　　　50 000.00

②计算应缴纳所得税时，应交所得税 =50 000.00×25%=12 500.00（元）

借：以前年度损益调整　　　　　　12 500.00

　　贷：应交税费——应交所得税　　　　12 500.00

③补提盈余公积时，应补提盈余公积 =（50 000.00−12 500.00）×10%=3 750.00（元）

借：以前年度损益调整　　　　　　3 750.00

　　贷：盈余公积　　　　　　　　　3 750.00

④调整利润分配时，未分配利润 =50 000.00−12 500.00−3 750 .00=33 750.00（元）

借：以前年度损益调整　　　　　　33 750.00

　　贷：利润分配——未分配利润　　　　33 750.00

2. 固定资产盘亏

固定资产盘亏是指在清查盘点过程中发现固定资产有所短缺。固定资产盘亏造成的损失，应当计入当期损益，按盘亏固定资产的账面价值借记“待处理财产损溢”科目；按已计提的累计折旧，借记“累计折旧”科目；按已计提的减值准备，借记“固定资产减值准备”科目，按固定资产原价，贷记“固定资产”科目。

报经批准后，按可收回的保险赔偿或过失人赔偿，借记“其他应收款”科目；按应计入营业外支出的金额，借记“营业外支出——盘亏损失”科目，贷记“待处理财产损溢”科目。所以，固定资产盘亏时会计分录如下所示。

①报经批准前。

借：待处理财产损溢

　　累计折旧

　　固定资产减值准备

　　贷：固定资产

②报经批准后。

可收回的保险赔偿或过失人赔偿。

借：其他应收款

　　贷：待处理财产损溢

按应计入营业外支出的金额。

借：营业外支出——盘亏损失

　　贷：待处理财产损溢

下面来看一个案例，了解盘亏固定资产的账务处理。

实用范例　固定资产盘亏账务处理

乙酒店年末组织人员对固定资产进行清查时，发现丢失一台电脑，该设备原价 10 000.00 元，已计提折旧 3 000.00 元，并已计提减值准备 2 000.00 元。经查，设备丢失的原因在于设备管理员看守不当。经董事会批准，由设备管理员赔偿 1 500.00 元。则其有关账务处理如下所示。

①盘点发现电脑设备丢失时。

借：待处理财产损溢　　5 000.00

　　累计折旧　　3 000.00

　　固定资产减值准备　　2 000.00

　　贷：固定资产　　10 000.00

②报经董事会批准后。

借：其他应收款　　1 500.00

　　营业外支出　　3 500.00

　　贷：待处理财产损溢　　5 000.00

③收到设备管理员赔款。

借：库存现金　　1 500.00

　　贷：其他应收款　　1 500.00

3. 固定资产账实相符

固定资产账实相符的清查盘点结果，证明固定资产管理得当，记账准确，此时不需要财会人员做账务处理。

第 5 章

财务预算与成本细化管理

酒店财务预算是整个酒店经营管理中重要的组成部分，通过精细化管理财务预算可以促进管理者有效地对酒店的经济活动进行控制，促进财务目标的实现。同时，通过对各项成本的细化管理有助于进行成本控制，优化成本管理，降低成本。

5.1 预算管理内容及流程

财务预算管理是企业经营过程中有效的内部控制之一，是现代企业经营管理的重要组成部分。对财务预算实行精细化管理，有利于保证酒店发展目标的实现，从而不断提高酒店竞争力。

5.1.1 财务预算管理的内容

财务预算是一系列专门反映企业未来一定期限内预计财务状况、经营成果及现金收支等价值指标的各种预算的总称，主要包括现金预算、预计资产负债表和预计利润表等，具体如下所述。

1. 现金预算

现金预算是反映预期内企业现金流转状况的预算，这里所说的现金，包括库存现金和银行存款等货币资金。现金预算包括的内容见表 5-1。

表 5-1　现金预算的内容

内容	具体介绍
现金收入	现金预算中的“现金收入”，包括期初现金结存数和预算期内预计现金收入数，如现金销售收入、回收应收账款和票据贴现等
现金支出	现金预算中的“现金支出”，指预算期内预计现金支出数，如支付材料采购款，支付工资，支付制造费用、管理费用和销售费用，偿还应付账款，缴纳税费及购买设备等
现金多余或不足	现金预算中的“现金多余或不足”，反映为现金收支相抵后的余额，若收大于支，表示现金多余，可用于偿还借款、购买短期债券等；若收小于支，表示现金不足，需要设法筹资，如向银行借款，或者发行短期商业票据等

需要注意的是，现金预算的编制必须要以经营预算为基础和前提，否则现金预算会不准确，甚至脱离酒店的实际经营情况。那么，经营预算的内容有哪些呢？具体如下所述。

①销售预算：销售预算是整个酒店预算编制的起点，是编制全面预算的关键，其他预算都是以销售预算为基础。

②生产预算：生产预算是在销售预算的基础上编制出来的，主要内容有销售量、期初和期末存货、生产量。

③直接材料预算：直接材料预算是以生产预算为基础编制的，同时要考虑原材料存货水平。直接材料预算的主要内容有直接材料的单位产品用量、生产需用量、期初和期末存量等。

④直接人工预算：直接人工预算也是以生产预算为基础编制的，主要内容有预计产量、单位产品工时、人工总工时、每小时人工成本和人工总成本。

⑤制造费用预算：制造费用按其习性，可分为变动制造费用和固定制造费用。其中，变动制造费用预算以生产预算为基础编制，可根据预计生产量和预计的变动制造费用分配率来计算。

⑥产品成本预算：产品成本预算是生产预算、直接材料预算、直接人工预算和制造费用预算的汇总，主要包括产品的单位成本和总成本。

⑦销售及管理费用预算：销售及管理费用预算是为了实现销售和组织企业管理活动所需支付的费用预算。

下面来看一个现金预算表模板，如图 5-1 所示。

现金预算表					
季度	1	2	3	4	全年
期初现金余额					
加：现金收入					
可供使用的现金					
减：现金支出					
直接材料					
直接人工					
制造费用					
销售及管理费用					
所得税费用					
购买设备					
股利					
现金支出合计					
现金多余与不足					
向银行借款					
还银行借款					
借款利息					
合计					
期末现金余额					

图 5-1　现金预算表

现金预算表中，各项目的计算公式如下所示。

可供使用的现金 = 期初现金余额 + 现金收入

支出合计 = 直接材料 + 直接人工 + 制造费用 + 销售及管理费用 + 所得税 + 购买设备 + 股利

现金多余或不足 = 可供使用的现金 − 支出合计

下一季度现金期初余额 = 本季度期末余额

2. 预计利润表

预计利润表是指以货币形式综合反映预算期内企业的经营成果，包括利润总额、净利润计划水平的一种财务预算，简单格式见表 5-2。

表 5-2　预计利润表

项目	金额
销售收入	
销售成本	
毛利	
销售及管理费用	
利息	

续上表

项目	金额
利润总额	
所得税费用（估计）	
净利润	

3. 预计资产负债表

预计资产负债表是依据当前实际资产负债表和全面预算中的其他预算所提供的资料编制而成的总括性预算表，它可以反映酒店预算期期末的财务状况，图 5-2 为简单的预计资产负债表。

预计资产负债表

会企01表

编制单位： 2024年12月31日 单位：元

资产	期末余额	上年年末余额	负债和所有者权益（或股东权益）	期末余额	上年年末余额
流动资产：			流动负债：		
货币资金			短期借款		
交易性金融资产			交易性金融负债		
衍生金融资产			衍生金融负债		
应收票据			应付票据		
应收账款			应付账款		
应收账款融资			预收款项		
预付款项			合同负债		
其他应收款			应付职工薪酬		
存货			应交税费		
合同资产			其他应付款		
持有待售资产			持有待售负债		
一年内到期的非流动资产			一年内到期的非流动负债		
其他流动资产			其他流动负债		
流动资产合计			流动负债合计		
非流动资产：			非流动负债：		
债权投资			长期借款		
其他债权投资			应付债券		
长期应收款			其中：优先股		
长期股权投资			永续债		
其他权益工具投资			租赁负债		
其他非流动金融资产			长期应付款		
投资性房地产			预计负债		
固定资产			递延收益		
在建工程			递延所得税负债		
生产性生物资产			其他非流动负债		
油气资产			非流动负债合计		
使用权资产			负债合计		
无形资产			所有者权益（或股东权益）：		
开发支出			股本		
商誉			其他权益工具		
长期待摊费用			其中：优先股		
递延所得税资产			永续债		
其他非流动资产			资本公积		
非流动资产合计			减：库存股		
			其他综合收益		
			专项储备		
			盈余公积		
			未分配利润		
			所有者权益（或股东权益）合计		
资产总计			负债和所有者权益（或股东权益）总计		

单位负责人： 财务主管： 制表人：

图 5-2 预计资产负债表

5.1.2　财务预算编制流程

财务预算编制流程大致如下所述。

1. 制定编制方法

①酒店总经理和财务总监根据酒店的发展目标，确定下一年度酒店整体经营目标和财务目标。

②酒店总经理组织预算管理委员会，根据酒店下年度的财务目标，结合之前的预算情况制定预算编制方针和大纲。

2. 编制财务预算

编制过程主要有以下三个环节。

①财务部门向酒店各部门下发预算编制方针和大纲。

②酒店各部门根据预算编制要求，编制本部门的预算并报财务部门。

③在各部门编制预算的过程中，财务部门要为其提供各种预算相关资料，如收入、成本和负债等。

3. 形成预算初稿

由财务部门汇总各部门预算并经测算、平衡、审核后，形成年度预算初稿，上报预算管理委员会审批，预算管理委员会召开会议，讨论年度预算初稿，提出修改意见。

4. 修改预算初稿

财务部门召集酒店有关部门，下达预算管理委员会的修改意见，各部门按照预算管理委员会的意见进行修改后再将编制的预算报给财务部门。

5. 确定年度预算

财务部门再次汇总修改后的各部门预算，将酒店年度总预算上报预算管理委员会审批，预算管理委员会审批通过后，报总经理审批，总经理审批通过后，由财务部门向各部门下发酒店年度总预算。

5.2 酒店预算管理的实施

制定好预算管理目标之后，酒店就要严格按照相关目标执行，汇总各部门的预算，形成最终预算表。

5.2.1 财务预算的编制方法

酒店常用的财务预算编制方法主要有固定预算与弹性预算、增量预算与零基预算、定期预算和滚动预算，下面就来详细介绍。

1. 固定预算与弹性预算

（1）固定预算

按照预算的状态，可以将预算分为固定预算与弹性预算。固定预算也叫“静态预算”，是在编制预算时只根据预算期内正常可实现的某一固定的业务量，如生产量、销售量等作为唯一基础来编制预算的方法。固定预算比较简单，容易实行，但也存在以下缺点：

①适应性差：由于编制预算的业务量基础是事先假定的某一个业务量，不论预算期内业务量水平可能发生哪些变动，都只按事先确定的某一个业务量水平作为编制预算的基础，过于机械呆板，适应性差。

②可比性差：当实际的业务量与编制预算依据的预计业务量发生较大差异时，由于业务量基础不同，会使预算失去可比性，不利于正确地控制、考核和评价企业财务预算的执行情况。

所以，固定预算通常适用于产品销量稳定，能准确预测产品需求及产品成本的企业，也可用于编制某些固定费用的预算，如酒店员工的工资、设备的折旧费及房租费等。

（2）弹性预算

弹性预算也叫“变动预算”，是指企业可以依照预算期内可预见的各种业务量水平来编制能够适应不同业务量预算的方法。其优势体现在两个方面：一方面，它能够适应不同经营活动情况的变化，扩大了预算的范围，可以更好地发挥预算控制的作用，避免在实际情况发生变化时对预算做太多的修改；另一方面，它可以更加客观地对预算的实际执行情况进行评价与考核。

基于弹性预算的特点，其主要适用于各项随业务量变化而变化 的项目，如酒店的销售预算、采购预算和生产预算等以业务量为基础的项目，可参照历史基础业务量水平，采用弹性预算编制方法。但由于业务量变化情况不同，因此弹性预算编制的工作量会较大。

2. 增量预算与零基预算

（1）增量预算

按照预算编制的基础划分，可以将预算分为增量预算与零基预算。增量预算是指以基期水平为基础，分析预算期业务量水平及有关影响因素的变动情况，通过调整基期项目及数额，编制相关预算的方法。采用增量预算的前提条件是，企业现有业务活动具备合理性与必要性，且不需要进行调整。

增量预算的优缺点如下，见表 5-3。

表 5-3　增量预算的优缺点

优缺点	具体介绍
优点	①预算编制工作量较少。 ②可以避免各项生产经营业务和日常管理工作产生剧烈的波动。 ③预算比较稳定，变化是循序渐进的。 ④系统相对容易操作和理解。 ⑤预算容易协调
缺点	①假设经营活动及工作方式都以相同的方式继续下去，但在实际工作中难免会遇到变化的情况。 ②不利于降低成本。 ③鼓励将预算全部用完，以便明年可以保持相同的预算

采用增量预算方法需要分析预算期业务量水平及有关影响因素的变动情况，适合酒店客房收入预算这种受市场变化影响的项目预算的编制。

（2）零基预算

零基预算是指不考虑过去的预算项目和收支水平情况的影响，以零为起点重新编制的预算，主要有以下优缺点，见表 5-4。

表 5-4　零基预算的优缺点

优缺点	具体介绍
优点	①有利于增强员工的“投入产出”意识。零基预算每一次都是重新开始预算，因此可以使过去不合理的因素不再保留下去，减少浪费。 ②有利于合理分配资金，通过对“成本效益”的分析，对每一个业务项目进行仔细分析和计算，能够合理利用资金，提高资金利用效率。 ③零基预算提高了预算的透明度，使得预算控制更容易，有利于规范预算的编制与执行过程，提高预算管理水平
缺点	①由于每一次都重新开始，使得预算编制工作量较大，费用相对较高。 ②注重短期利益，容易忽视长期目标，打击积极性

对于酒店的财务费用、管理费用和销售费用等预算，可采取零基预算编制方法，在参照基础历史数据的前提下，根据酒店新的情况和要求灵活编制。

3. 定期预算与滚动预算

（1）定期预算

按照预算编制的时间划分，可以将预算分为定期预算与滚动预算。定期预算是指在编制预算时以不变的会计期间（如日历年度）作为预算期的一种编制预算的方法。采用此种方法的优点在于能够使预算期间与会计年度相配合，便于每个会计年度预算的考核和评价，但是也存在以下缺点。

①盲目性：由于定期预算往往是在每年年初一个固定时间编制的，对以后整个预算年度的生产经营活动很难作出准确的预算，尤其是对后期预算只能进行大概估算，数据模糊，缺乏实际指导性，也会给预算的执行带来困难，不利于对生产经营活动作出客观的考核与评价。

②滞后性：定期预算不能随情况的变化及时调整，当规划的各种活动在预算期内发生重大变化时，就会造成预算滞后，甚至过时。

③间断性：由于受预算固定期间的限制，致使经营管理者们的决策视野局限于本期的经营活动，通常不考虑下期，不利于酒店长远发展。

定期预算以固定会计期间为基础，适用于对酒店的固定资产、广告费用等进行阶段预算。

（2）滚动预算

滚动预算又称连续预算或永续预算，是指在编制预算时，预算期不与会计年度保持一致，而是随着预算的执行而不断延伸补充，逐期向后滚动，使预算期始终保持一个固定期间的一种预算编制方法。按照滚动的时间不同，又可以分为逐月滚动、逐季滚动和混合滚动。

滚动预算能够使预算保持连贯性，有利于考虑未来业务活动，结合企业近期目标和长期目标，使预算随时间的推进不断加以调整和修订，与实际情况更适应，有利于充分发挥预算的指导和控制作用。但是编制工作量也比较大。

由于滚动预算编制工作量比较大，导致财务成本高，从重要性原则出发，对于酒店的成本费用可以采用按一定期间，如季度来编制预算，再按月编制具体预算。同时，此方法也适用于酒店一些大型设备采购项目。

财务预算编制的方法不止一种，酒店可以结合自身的情况，从实际出发，对不同的项目采用不同的预算方法或交替采用上述各种方法，使酒店的各项预算能更客观、更符合酒店的实际发展需要。

5.2.2　编制现金预算表

现金预算是有关预算的汇总，由现金收入、现金支出、现金多余或不足、资金的筹集与运用四个部分组成，每个部分的内容如下所述。

①现金收入：包括期初现金余额和预算期现金收入，现金收入的主要来源是销售收入和少部分的其他收入。年初的“现金余额”是在编制预算时预计的；“现金收入”的数据通常来自销售预算；“可供使用现金”是期初现金余额与本期现金收入之和。

②现金支出：包括预算的各项现金支出，主要是营运资金支出和其他现金支出，如购买原材料、支付工资、支付管理费和财务费用等其他费用。其中，直接材料、直接人工、制造费用、销售与管理费用等数据，分别来自前述有关预算；所得税费用、购置设备和股利分配等现金支出的数据分

别来自另行编制的专门预算。

③现金多余或不足：是现金收入合计与现金支出合计的差额。差额为正，说明收入大于支出，现金有多余，可用于偿还借款或用于短期投资；差额为负，说明支出大于收入，现金不足，需要向银行取得新的借款。

④资金的筹集与运用：现金预算通过对企业现金收入、支出情况的预计，推算出预算期的现金结余情况。如果现金不足，则提前安排筹资；如果现金多余，则可采取归还贷款或对有价证券进行投资，以增加收益。

编制现金预算的主要流程为确定现金收入→计划现金支出→编制现金预算表。下面来看一个案例。

实用范例　现金预算表的编制

表 5-5 为某酒店预算资料，且在现金不足时需要向银行借款。

表 5-5　预算相关资料

单位：万元

项目	一季度	二季度	三季度	四季度
期初现金余额	8 200.00	—	—	—
现金收入	19 200.00	25 300.00	40 000.00	43 600.00
直接材料	4 700.00	6 520.00	7 800.00	8 500.00
直接人工	2 200.00	3 200.00	3 580.00	4 000.00
制造费用	2 100.00	2 300.00	2 300.00	2 300.00
销售及管理费用	6 000.00	6 000.00	6 000.00	6 000.00
所得税费用	3 500.00	3 500.00	3 500.00	3 500.00
购买设备	—	12 000.00	—	—
股利	—	8 000.00	—	8 000.00
向银行借款	—	12 000.00	—	—

由以上资料可以编制出该酒店的现金预算表，见表 5-6。

表 5-6　现金预算表

单位：万元

项目	一季度	二季度	三季度	四季度	全年
期初现金余额	8 200.00	8 900.00	4 680.00	8 900.00	8 200.00
加：现金收入	19 200.00	25 300.00	40 000.00	43 600.00	128 100.00

续上表

项目	一季度	二季度	三季度	四季度	全年
可供使用的现金	27 400.00	34 200.00	44 680.00	52 500.00	158 780.00
减：各项支出	—	—	—	—	—
直接材料	4 700.00	6 520.00	7 800.00	8 500.00	27 520.00
直接人工	2 200.00	3 200.00	3 580.00	4 000.00	12 980.00
制造费用	2 100.00	2 300.00	2 300.00	2 300.00	9 000.00
销售及管理费用	6 000.00	6 000.00	6 000.00	6 000.00	24 000.00
所得税费用	3 500.00	3 500.00	3 500.00	3 500.00	14 000.00
购买设备	—	12 000.00	—	—	12 000.00
股利	—	8 000.00	—	8 000.00	16 000.00
支出合计	18 500.00	41 520.00	23 180.00	32 300.00	115 500.00
现金多余与不足	8 900.00	−7 320.00	21 500.00	20 200.00	43 280.00
向银行借款	—	12 000.00	—	—	12 000.00
还银行借款	—	—	12 000.00	—	12 000.00
借款利息（年利率 10%）	—	—	600.00	—	600.00
合计	—	—	12 600.00	—	12 600.00
期末现金余额	8 900.00	4 680.00	8 900.00	20 200.00	20 200.00

第一季度可供使用现金 =8 200.00+19 200.00=27 400.00（元）

第一季度各项支出合计 =4 700.00+ 2 200.00+ 2 100.00+ 6 000.00+3 500.00=18 500.00（元）

第一季度现金多余或不足 =27 400.00-18 500.00= 8 900.00（元）

第一季度现金余额及第二季度现金期初余额 =8 900.00（元）

从表 5–6 中可以看出，第二季度因现金不足向银行借款 12 000.00 元；第三季度现金有了盈余，偿还了银行借款本金及两个季度（半年）的利息。其中年利率为 10%，故半年利率为 5%，该酒店需要偿还的半年利息为 600.00 元（12 000.00×5%），故第三季度需偿还银行本息共 12 600.00 元。后续几个季度也以此计算即可。

根据现金预算表可以看出企业每个季度及全年的收支情况，便于对酒店现金进行管理，从此案例也可以看出该酒店整年现金是有盈利的。

5.2.3 编制预计资产负债表

预计资产负债表可以为酒店管理者提供预算期期末的财务信息，有助于管理者预测未来期间的经营状况，进一步采取适当的改进措施。预计资产负债表的编制方法主要有预算汇总法和销售百分比法两种，这里以销售百分比法为例来编制预计资产负债表。

销售百分比法是指假定某些资产、负债项目与销售额保持一定的百分比率关系，随着预算年度销售额的增加，这些资产、负债项目也会随之增加。采用销售百分比法编制预计资产负债表，大致包括以下几个步骤。

1. 区分敏感项目与非敏感项目

所谓敏感项目，是指预计资产负债表中随产品销售额变动的资产、负债项目，如库存现金、存货和应付账款等项目；非敏感项目是指预计资产负债表中不随销售额变动的资产、负债项目，如固定资产、长期借款、实收资本和资本公积等项目。

2. 计算敏感项目的销售百分比

敏感项目销售百分比 = 基期敏感项目余额 ÷ 基期销售收入 ×100%

3. 计算预计资产、预计负债及预计所有者权益

①预计资产项目中，非敏感资产项目预计值不变，敏感资产项目 = 预计销售收入 × 敏感资产销售百分比。

②预计负债项目中，非敏感负债项目预计值不变，敏感负债项目 = 预计销售收入 × 敏感负债销售百分比。

③预计所有者权益项目中，如实收资本、资本公积都属于非敏感项目，其预计值也不变。

4. 计算预算需从外部追加的资金

预算需从外部追加资金 = 预计资产 − 预计负债 − 预计所有者权益

下面通过一个案例来看预计资产负债表的编制。

实用范例 预计资产负债表的编制

某酒店 2025 年实际销售收入为 3 200 000.00 元，2026 年预计销售收入 4 000 000.00 元，2025 年资产负债表主要数据见表 5-7。

表 5-7　2025 年资产负债表主要数据

项目	金额（元）	项目	金额（元）
资产：		负债：	
库存现金	160 000.00	应付账款	430 000.00
应收账款	330 000.00	长期借款	31 000.00
固定资产	219 000.00	负债合计	461 000.00
存货	552 000.00	所有者权益：	
		实收资本	500 000.00
		资本公积	300 000.00
		所有者权益合计	800 000.00
资产合计	1 261 000.00	负债及所有者权益合计	1 261 000.00

根据上述数据，可以计算出该酒店 2026 年预计资产负债表，见表 5-8。

表 5-8　2026 年预计资产负债表的主要数据

项目	金额（元）	2025 年销售百分比（%）	2026 年预计数（元）
资产：			
库存现金	160 000.00	5	200 000.00
应收账款	330 000.00	10.31	412 400.00
固定资产	219 000.00	—	219 000.00
存货	552 000.00	17.25	690 000.00
资产合计	1 261 000.00		1 521 400.00
负债：			
应付账款	430 000.00	13.44	537 600.00
长期借款	31 000.00	—	31 000.00
负债合计	461 000.00		568 600.00
所有者权益：			
实收资本	500 000.00	—	500 000.00

续上表

项目	金额（元）	2025 年销售百分比（%）	2026 年预计数（元）
资本公积	300 000.00	—	300 000.00
所有者权益合计	800 000.00		800 000.00
负债及所有者权益合计	1 261 000.00		1 368 600.00

表 5-8 中，“2025 年销售百分比”表示各敏感项目与基期（2025 年）该酒店销售收入的比值；对于非敏感项目不会随销售额的变动而变动，也就没有相应的销售百分比。如库存现金 2025 年的销售百分比 =160 000.00 ÷ 3 200 000.00 × 100%=5%；固定资产等属于非敏感性项目的，则没有销售百分比。

“2026 年预计数（元）”表示 2026 年预计销售收入与各敏感项目销售百分比的乘积；对于非敏感项目，其预计值不变。如“应收账款”项目 2026 年预计数 =4 000 000.00 × 10.31%=412 400.00（元），固定资产等非敏感项目 2026 年的预计数则不变。

由此可以计算出该酒店预算需从外部追加资金 = 预计资产 – 预计负债 – 预计所有者权益 =1 521 400.00 – 568 600.00 – 800 000.00=152 800.00（元）

最终编制的 2026 年预计资产负债表见表 5-9。

表 5-9　2026 年预计资产负债表

项目	期初余额（元）	期末余额（元）	项目	期初余额（元）	期末余额（元）
资产：			负债：		
库存现金	160 000.00	200 000.00	应付账款	430 000.00	537 600.00
应收账款	330 000.00	412 400.00	长期借款	31 000.00	31 000.00
固定资产	219 000.00	219 000.00	负债合计	461 000.00	568 600.00
存货	552 000.00	690 000.00	所有者权益：		
			实收资本	500 000.00	500 000.00
			资本公积	300 000.00	300 000.00
			所有者权益合计	800 000.00	800 000.00
			预算需从外部追加资金	—	152 800.00
资产合计	1 261 000.00	1 521 400.00	负债及所有者权益合计	1 261 000.00	1 521 400.00

从上述案例可以看出，编制预计资产负债表可以得出该酒店预算还需要追加的资金，有助于预测酒店未来期间的经营状况，帮助酒店更好地做好预算管理。

5.2.4　编制预计利润表

预计利润表是在汇总预算期内销售预算及产品成本预算、各项费用预算、营业外收支预算、资本支出预算等资料的基础上编制的。其中，所得税费用项目为估算数，而不是根据利润总额与所得税税率计算的，这是因为利润总额存在一些纳税调整项目，为避免引起后面一系列的连锁变动，直接取用估算数。

通过编制预计利润表，可以了解酒店在预算期的盈利水平。如果预算利润与酒店的目标利润有较大差距，就需要及时调整预算，设法达到目标利润，或者经酒店领导同意后修改目标利润。下面来看一个案例。

实用范例　预计利润表的编制

某酒店预计 2025 年销售收入为 14 000 000.00 元，销售成本为 6 000 000.00 元，销售及管理费用为 3 000 000.00 元，利息支出为 2 000 000.00 元，所得税费为 550 000.00 元。

2025 年销售收入、销售成本、销售及管理费用、利息的预算分别来自该酒店 2024 年的销售预算表、产品成本预算表、销售及管理费用预算表、现金预算表，所得税费用为暂估计税额，则可以编制出该酒店 2025 年的预计利润表，具体内容见表 5-10。

表 5-10　预计利润表

项目	金额（元）	项目	金额（元）
销售收入	14 000 000.00	利息	2 000 000.00
销售成本	6 000 000.00	利润总额	3 000 000.00
毛利	8 000 000.00	所得税费用（估计）	550 000.00
销售及管理费用	3 000 000.00	净利润	2 450 000.00

其中，毛利 = 销售收入-销售成本；利润总额 = 毛利-销售及管理费用-利息；净利润 = 利润总额-所得税费用（估计）。

由以上案例可以看出，预计利润表可以反映该酒店 2025 年的预计净利润，便于了解酒店在预算期内的盈亏情况，也有助于管理人员及时调整经营策略。

5.2.5 完善财务预算管理制度

完善的财务预算管理制度是酒店进行预算管理的方针与保障，财务预算管理制度主要包括预算编制的原则、预算编制人员和预算编制程序等内容，下面来看一个预算管理制度范本，可供参考。

实用范例 某酒店预算管理制度

预算管理是酒店经营管理的重要组成部分，是经营者对酒店经营活动进行组织、管理、控制的手段之一，必须加强预算管理和控制。

一、预算的组织管理

酒店的预算管理由总经理负责，并设立专门的组织机构负责预算的编制、审核、调整、执行和控制。

（一）预算管理的组织结构

酒店的预算管理机构由以下人员组成。

1. 预算管理委员会：由总经理、副总经理和各部门经理等管理人员组成。

2. 预算工作小组：由综合部门、经营部门和市场开发部门人员组成。

3. 部门预算工作小组：由各部门有关人员组成。

（二）预算管理机构的职责

1. 预算管理委员会

根据年度经营方针提出预算编制的方针和指导思想；处理预算编制中出现的重大问题；审查并确定最后预算汇总的各项指标报上级酒店和酒店业主；对年中出现重大变化需调整预算的，提出调整方案上报；定期或不定期检查，监督各项预算的执行和控制情况。

2. 预算工作小组

根据预算管理委员会确定的预算编制方针和指导思想，将编制任务下达给有关部门；编制各部门草拟的分部计划，测算平衡，反馈给各部门；指导、督促各部门的预算编制工作；汇总编制总预算；检查、控制各项预算的执行；分析考核预算的执行情况。

3. 部门预算工作小组

根据预算编制的方针和指导思想，以及酒店预算工作小组下达的任务，编制本部门的各项预算；对部门专业预算的执行进行跟踪控制；分析本部门及专业预算与实际的差异，提出完成预算的有效措施。

二、预算的编制管理

酒店的预算编制在总经理领导下，由各编制小组自上而下，自下而上，反复测算、修改、平衡且调整后产生。

（一）预算的种类、内容及编制分工

按照预算的不同内容，预算分为经营预算、非经营性费用预算、投资预算和财务预算四大类。其中，财务预算是指酒店在计划期内反映的有关预计现金收支、经营成果和财务状况的预算，由财务部门编制。它主要包括现金预算、预计现金流量表、预计利润表和预计资产负债表，亦称总预算。

（二）预算编制的程序

1. 上级酒店和酒店业主召开酒店总经理、财务总监会议，提出下年度的经营目标前，明确酒店的经营方针、计划及设想。

2. 总经理召开酒店预算委员会会议，提出预算大纲及指导思想。

3. 酒店预算工作小组根据预算委员会的预算大纲及指导思想，将预算编制任务分解下达给各有关部门。

4. 市场开发部门根据市场预测及经营目标，同营业部门编制项目收入预算。

5. 各有关部门根据项目预算编制预算，报预算工作小组。

（三）预算编制的方法

预算编制的方法主要采用固定预算法、零基预算法、弹性预算法和滚动预算法四种。

（四）预算编制的原则

1. 预算确定的目标既要具有科学性、先进性，又要具有可实现性，是各责任人员通过努力能够达到的目标。

2. 要落实到部门，并分解到各个月度和季度，使各部门明确各自的目标和责任。

3. 预算的制定要与部门的目标责任制结合起来，并与奖惩相结合。

4. 预算的综合平衡要统筹兼顾，适当安排，要处理好局部与全局的关系，树立酒店一盘棋的观念。各部门的综合平衡应服从酒店的总体平衡。

5. 预算要有严肃性、权威性，一经确定不得随意变更。

6. 各项预算之间要做好衔接。

7. 年度预算要与酒店的中长期发展规划相适应。

三、预算的控制管理

为保证预算的完成，实现预期的经营目标，各部门应认真研究，落实措施，并对预算执行情况进行检查、分析和考核，使各项预算目标经常处在受控状态。

5.3 成本费用控制

酒店经营业务复杂，对各项成本也需要认真进行核算，对各项成本费用进行严格控制，减少浪费，降低经营成本。

5.3.1 酒店成本费用概述

成本是酒店在一定时期内经营过程中为顾客提供产品和服务发生的各项费用的总和。费用是指一定时期内酒店为了获得经济利益而发生的经济资源的损耗。加强酒店成本费用的管理，有助于减少酒店资金的占用量，提高资金利用效率，促进经济效益的提高。在进行成本控制时，需要遵循以下原则，才能更好地进行成本管理。

①成本效益原则：推行成本控制而发生的成本，不应超过因缺少控制而丧失的收益，否则即使成本得到了控制，经济效益也会降低。

②因地制宜原则：指成本控制系统必须个别设计，适合特定企业、部门、岗位和成本项目的实际情况，不可照搬别人的做法。

③全员参与原则：企业的任何活动都会产生成本，都应在成本控制的范围之内。所以需要动员全体职工参与成本控制。

酒店的成本主要包括营业成本和期间费用两大类。其中，营业成本是酒店在经营服务过程中发生的各项直接支出，主要包括餐饮成本、商品成本、洗涤成本和其他成本。期间费用是酒店在一定会计期间发生的销售费用、管理费用和财务费用，具体内容见表 5-11。

表 5-11　酒店期间费用

期间费用	具体介绍
销售费用	是酒店在销售或服务过程中发生的费用，主要包括以下四项内容。 ①客房销售费用，用于支付房费、增值服务费等。 ②餐饮销售费用，用于支付餐饮消费等。 ③会议室销售费用，用于支付会议室消费等。 ④其他销售费用，用于支付其他相关费用，如娱乐、游戏和健身等服务费用
管理费用	是酒店在管理和组织生产经营活动时发生的各项费用，以及不便于分摊，由酒店统一认定负担的费用，包括以下内容。 ①公司经费，如酒店行政管理部门的行政人员工资、福利费、餐费、服装费、办公费、会议费、差旅费、物料消耗、低耗品摊销及其他行政经费等。 ②工会经费，指按职工工资总额的 2% 提取的工会经费，在成本中列支的费用。 ③职工教育经费，指按职工工资总额的 8% 提取职工教育经费，在成本中列支的费用。 ④其他费用，指水电费、折旧费、摊销费及修理费等
财务费用	是指酒店为筹集生产经营所需资金而发生的费用，包括利息支出、汇兑损失及相关的手续费等

5.3.2　酒店成本管理误区

1. 成本管理存在的问题

成本管理是酒店管理的重要内容，良好的成本管理可以促进酒店提高经济效益，促进其可持续发展。但在实践中，一些酒店在进行成本管理时往往存在着以下问题。

（1）员工成本管理意识薄弱

许多企业员工都认为成本管理只是财务部门的事情，其他部门和员工只管生产和服务，积极性不高，所以容易造成浪费，没有全员参与，很难实现成本管理目标。

（2）忽视无形成本的耗费

部分酒店在成本管理工作中，仅仅局限于对看得见的成本进行控制，如原材料等，而忽视隐形成本，如人力资源成本。人员的不合理配置、薪酬待遇不合理，都会导致人力资源外流；或者是不注重对新员工的培养，致使其工作效率低下，这些都会直接影响酒店的服务质量，在无形之间增加成本的消耗。

（3）成本核算不够全面

在成本管理中，对于某些隐形的成本，如荣誉、信誉等，无法进行确定额计算，只能得到一个大概数据，所以成本核算人员要采取多种形式，从多种角度对酒店成本进行核算，尽量得出一个比较准确的成本数据，便于给管理人员提供准确的财务信息。

（4）没有建立科学的管理模式

部分酒店的成本管理制度不完善，或者没有严格执行成本管理制度，没有做到各个环节的监督、考核，无法给财务信息使用者提供准确的信息，容易导致酒店经营战略的失败。

2. 解决措施

基于上述问题，酒店可以从以下几个方面着手解决。

（1）加强人工成本管理

酒店的成本管理需要全体人员积极参与，只有员工参与才能调动其积极性，提高服务质量和经济效益，进而增加员工的满意度和忠诚度，减少离职率，也能降低培训费用。同时，员工敬业更有利于为顾客提供更优质的服务，进而提高顾客的满意度，降低营销成本，提高总体企业经济效益。由此可以看出全员参与成本管理是多么的重要。

（2）采用先进技术

采用先进的技术可以为酒店提供技术支持，有助于提高酒店的创新能力，降低成本管理工作产生的成本，增强酒店的竞争力。

（3）加强监督

成本费用控制涉及每项业务、每个部门和每个员工，酒店需要成立专门的监督机构，协助各部门编制出科学的成本费用预算。对成本费用管理中的物料采购、设备维护等环节进行监督，发现问题后迅速处理，制定相关的奖惩制度，从而有效推进成本费用控制进程。

（4）完善成本管理体系

现代酒店的成本管理是对酒店成本进行全过程的管理。其中，战略成本管理是至关重要的，要对财务运营模式、竞争对手及市场环境等进行全面成本分析，这样有助于对酒店的成本进行全面预测和科学决策，从而提高酒店整体经济效益。

5.3.3　餐饮成本控制

餐饮是酒店重要的经济业务之一，餐饮业务的成本结构影响着餐饮产品的价格，而餐饮产品的价格又直接影响餐厅的客源，所以餐饮成本控制是酒店经营管理中非常重要的内容，可从以下方面着手控制餐饮成本。

1. 降低原材料价格

餐饮成本主要是原料的采购及其他相关辅料的采购费用。财务部门可以协助采购部门进行采购，监督采购预算的执行情况，要尽可能多地让供应商提供不同档次的可供选择的品种，从采购数量和稳定供货等方面压低采购价格。

2. 提高创新能力

创新是增强酒店竞争力的有力手段之一，通过创新菜品，也有助于降低成本。酒店可以加强以下方面的创新。

（1）创新技术

通过技术创新来降低原材料用量或寻找新的、价格更便宜的菜品原料替代原有的原材料。

（2）创新工艺

通过创新工艺来提高原料利用率，降低原料的损耗量，提高成品率及产品质量。

（3）创新管理方式

从工作流程和管理方式创新来提高劳动生产率、设备利用率及降低单位产品的人工成本与固定成本。

（4）创新营销方式

通过创新营销方式来提高销量，降低单位产品营销成本。

3. 抓住控制关键点

成本控制应从关键点着手。对于餐饮成本来说，寻找新的菜品原料难度比较大，通常原料的价格都是公开透明的，那么就可以从创新烹饪技法、变换原料组合等方面着手降低成本。

4. 重点关注可控费用

将产品成本分为可控成本和不可控成本，在生产经营过程中可以人为进行调控的，如原材料用量和进价、办公费以及运输费等可控费用，财会人员可以重点关注。

5. 完善相关制度

成本控制需要所有与成本相关人员的参与，通过建立与之相关的激励与约束机制，提高员工参与积极性，将成本控制与员工的切身利益联系起来，利用奖惩办法将酒店成本被动控制转换为全员的主动成本控制。

5.3.4 客房成本控制

酒店客房部门服务是提升酒店经济效益的关键点，客房成本控制关联的人员、环节也比较多，需要严格加强对客房成本的控制，提高酒店竞争力。客房成本管理控制主要包括以下内容。

1. 采购管理

客房用品的采购是客房经营活动的基础，它直接影响着客房工作的质量和酒店的效益。但在采购这一环节，也经常会出现不能合理、有效地确定采购数量、价格、地点和时间等问题，造成物资浪费，无形中增加了成本。如棉织品的采购，一次采购量大，若不能确定合理的采购量，很容易造成浪费。所以，酒店需要结合实际，实行优质采购、批量进货，以确保客房用品成本的有效控制。

2. 物品使用控制

客房部都会有很多一次性物品提供给顾客使用，通常都是按照标准用量发放，虽然满足了顾客需求，但也存在着浪费的问题。如住店客人用剩的纸巾，单人住客的牙刷一日一换等。这些问题都会影响客房部门成本，所以对一次性物品需要按实际用量发放，同时注意用品的合理回收与再利用。

3. 设施设备的维护

客房部门设施设备的数量和种类都比较多，具有使用频率高、占用资金量大等特点，尤其要注重日常维护，加强防范意识，定期检查和维修，以免造成损失后导致维护成本太高。

4. 能源管理

能源开支主要包括燃料费和水电费，是酒店经营过程中非常大的一个支出项目，可参考以下控制方法。

（1）寻求新的节能方法

在设备采购、安装与使用过程中，都要考虑到节能，加强对日常能源消耗的管理与控制。可以调查酒店的能源使用情况，根据实际情况进行定额管理，如根据天气变化调整空调的使用时间。

（2）制定具体节能措施

如大堂白天光线充足的情况下，可以关掉一部分灯；办公室白天可以打开窗户关掉多余的灯。

（3）检查节能的执行情况

对酒店的节能措施执行情况进行例行检查，及时指出未按规定执行而浪费能源的现象，并采取相关措施解决。

5.3.5　人力成本控制

人力成本也是酒店经营成本中占比很大的一部分，控制好人力成本对于控制经营成本有着重要作用。人力成本控制可以从以下方面出发。

1. 灵活选择用工模式

除全日制用工模式以外，常见的用工模式还有以下几种，见表5-12，酒店可以灵活运用各种用工模式来降低用工成本。

表5-12 常见用工模式

用工模式	具体介绍
外包模式	酒店经营具有季节性，若全都采用合同工，淡季的时候成本太高，酒店可以灵活地运用业务外包，在旺季的时候将一些技术含量不高的业务外包给其他专业的公司
劳务派遣	随着社会分工的细化，许多企业会将一般性的工作委托给专业的公司经营，专业公司通过派遣专业人员提供服务，并收取费用。这种方式可以有效减轻酒店的负担，主要体现在以下四方面。 ①酒店在核算劳务支出时，通常只需要考虑市场工资标准，还可自主调整工资福利待遇等，综合支出比正式员工支出要少，可降低人工成本。 ②通过劳务派遣公司派遣的人员既具有专业性，也有利于稳定酒店员工队伍，降低员工离职率，从而降低离职成本 ③酒店不需要特地设置专门部门及岗位对派遣人员进行管理，只需要作出相关的管理规定，按分配的工作任务进行管理。同时可以根据业务量的大小灵活缩减人员，既能够满足酒店用工需求，也能节约招聘与管理成本。 ④派遣方和被聘用人员之间签订劳动合同，酒店与被聘用人员只是一种有偿使用关系，可以避免直接与被聘用人员产生纠纷，降低劳动风险及劳动纠纷成本
采用实习生	可以在就业旺季时招聘实习生，实习生的人力资源成本相对较低，通过对实习生的培养，也可以为酒店的人才储备提供资源

2. 提高员工工作效率

通过优化各项工作流程，提高员工工作效率，也可以降低人力成本。

3. 加强对员工的培养

强化对员工的培养，不仅能提高员工职业素养，还能提高员工工作效率与忠诚度，降低人力成本。

4. 降低员工离职率

在招聘时应选择最适合酒店工作的员工，给予员工双向选择的机会，避免以后员工流失而造成的损失。同时也要适当授权给员工，不仅可以提高员工的工作能力，还能增强员工对酒店职位的忠诚度，降低离职率，从而降低离职成本。

第6章

科学进行收入与纳税管理

盈利是酒店经营发展的最终目标，通过精细化管理收入可以有效提高酒店经济效益。在提高经济收益的同时也需要履行相关的纳税义务，做好税务缴纳工作，积极配合税务检查。

6.1 酒店经营收入管理

收入管理也是酒店财务部门精细化管理的一项重要工作，通过收入管理可以帮助酒店做出正确的经营决策，生产适销对路的商品，避免盲目经营，也有利于增强酒店的市场竞争力。

6.1.1 客房收入管理

客房收入管理的主要目的是保证客房收入的合法性、完整性和及时性，具体内容见表6-1。

表6-1 客房收入管理的目的

目的	具体介绍
保证合法性	是指确保所有客人的入住手续都符合规定；客房租金的计量都有依据；客房租金的增加、减免等都有完备的手续
保证完整性	是指保证所有售出客房发生的房租、客人在酒店内的所有消费都全部入账且收款到账

续上表

目的	具体介绍
保证及时性	是指要保证所发生的客房收入及时入账，对所发生的应收客账能够采取有效的措施及时催收到账，防止呆账、坏账的发生

酒店客房收入管理可以从以下方面着手。

①严格管理客房的保证金、预收定金，严格制定保证金、定金的收取和退回等财务操作流程，做到手续完备、账务清晰。

②建立严格的客房稽核制度，对与财务内部控制有关的所有数据都要逐步逐笔核查。

③严格管理客房的折扣权限，要认真检查每日的折扣情况，检查折扣是否符合规定、折扣的计算是否正确等。

④严格管理换房事项，制定严格的换房权限制度，换房时应以同类房型更换为主，非同类房型更换时应补（退）差价，按照流程进行操作且严格稽核。

6.1.2 餐饮收入管理

随着餐饮服务在酒店收入中所占比重越来越重，酒店也需要加强对餐饮收入的管理。

1. 餐厅收入的特点

由于酒店业务的特殊性，其餐厅收入具有以下特点。

① 收银点多：酒店用餐区域较广，收银点也比较多，收银人员也相对复杂。

② 人员流动大：大多数餐厅空间都比较大，客人与收银人员均处在人流中，增大了管理难度。

③ 收入价格差异大：由于餐厅服务项目多样化，造成各项目服务价格的差异。

④ 餐厅结账方式多样：餐厅客人比较多，结账方式自然也多种多样，增加了餐饮结账的难度，同时也增加了餐厅收入管理的难度。

2. 餐厅收入管理的措施

基于以上特点，酒店可以采取以下措施加强对餐饮收入的管理。

①加强人员控制：对重要岗位的员工要经过严格审查，加强对员工的培训，提高员工职业道德素质。

②完善组织结构：明确岗位职责，制定科学合理的收入控制流程和监督体系，加强日常餐饮业务活动的管控。

③加强表单管理：表单管理是日常餐饮收入管理的重要手段，常用的表单有点菜单、账单、优惠券、收入报表和盘点表等，每张表单都要认真填写、仔细核对，防止员工利用环节上的漏洞进行舞弊，或者造成工作差错而导致收入损失。

6.1.3　康乐服务收入管理

康乐服务处的收入管理对提高康乐服务部门的经营水平具有重要影响，应当引起管理者的重视。根据不同的划分标准，康乐部门的营业收入可以划分为不同的种类，见表 6-2。

表 6-2　康乐服务处营业收入分类

分类标准	收入类型	具体介绍
收入来源	主营业务收入	指与康乐服务处主要经营业务相关的收入，如按摩收入、桑拿收入等
	其他业务收入	经营康乐服务附加业务产生的收入，如食品收入、酒水饮料收入等
服务对象	团队收入	顾客以团队形式享受康乐服务中心服务项目带来的收入
	散客收入	顾客以个人形式享受康乐服务中心服务项目带来的收入
计价方式	计时收入	按照客人消费时间收费形成的收入
	计量收入	按照客人享受服务项目或消费产品的数量来收费形成的收入
	计人次收入	按照客人消费人数和次数为计量单位形成的收入
结账时间	预收款收入	是顾客在消费之前预先支付一定的金额形成的收入，这类收入在实际消费时再冲减
	即时结账收入	是顾客在消费结束或开始时立马结账形成的收入
	赊销收入	是顾客在消费之后结账，或是延迟一段时间再结账，给康乐服务处带来的延迟收入

由于康乐部门服务项目种类比较多，在管理康乐服务收入时，需要遵循以下原则，见表6-3。

表6-3 康乐服务收入管理需遵循的原则

原则	具体介绍
专人专职	康乐服务处在营业过程中，每个环节都需要有专人负责，不可一人身兼多职，处理每项经济业务时都需要明确职责、进行分工
钱、账、物分开管理	康乐服务处的人员在执行相关经济业务时，都需要获得批准及授权，并且做到钱、账、物管理三项职责严格分开
完善营业收入管理制度	建立完善的营业收入制度，进行严格的收入控制，并建立和执行相关复核制度

酒店可以参考以下措施来加强康乐服务处的收入管理。

1. 明确收入管理目标

康乐服务处收入管理最重要的是要明确收入管理的目标，即总的投资额和回收额，并根据市场客源、价格等因素的变化情况，编制出合理的营业收入指标。

2. 科学管理收费单据

收入管理必然会涉及很多原始单据，康乐服务人员要认真保管，确保财务信息的正确性和完整性，才便于确定营业收入的客观真实性。

3. 有效控制营业收入

对康乐服务处营业收入的控制可以从以下方面出发。

①合理设置收款岗位，做到收款环节人人负责。

②科学安排收款地点，设置收款地点时要统筹兼顾，既要方便顾客付款，也要便于管理。对于活动项目多、顾客人流量大的服务项目，可以考虑设置多个收银台。

③严格管理现金，对于钱款的交接应有相关的签字手续。要尽量减少现金的交接次数，从而减少现金管理风险。

4. 优化收款程序

目前酒店常用的结账方式有移动支付，如微信、支付宝等，以及信用卡或网站和平台支付等，提供服务的人员或收银员对这些常见的支付方式的收款流程要熟知，也要明确各结账方式的收款规范，优化收款流程，提高收款效率。

5. 加强营业收入稽核管理

加强对康乐服务账目的核对计算，通常情况下会有专门的稽核人员监督和检查收款员的账目。加强康乐服务处收入稽核管理可以及时发现存在的问题，确保收入核对的正确性。

6.2　经营利润管理与分配

利润是酒店在一定会计时期内的经营成果，酒店取得的利润需要按照相关规定，在兼顾各方利益的基础上予以合理分配。

6.2.1　酒店利润构成要素

酒店行业的利润与传统制造业等其他行业一样，主要分为营业利润、利润总额和净利润三项内容，具体如下所示。

1. 营业利润

营业利润是酒店在其全部销售业务中实现的利润，通过主营收入、主营业务成本、其他业务收入、其他业务成本、期间费用、资产减值损失、公允价值变动净收益和投资净收益等计算得出，计算公式如下所示。

营业利润 = 主营业务收入 − 主营业务成本 + 其他业务收入 − 其他业务成本 − 销售费用 − 管理费用 − 财务费用 − 税金及附加 − 资产减值损失 + 公允价值变动收益（或“− 公允价值变动损失”）+ 投资收益（或“− 投资损失”）

2. 利润总额

利润总额是酒店在一定时期内通过生产经营活动实现的最终财务成果，主要通过营业利润和营业外收支计算得出，计算公式如下所示。

利润总额 = 营业利润 + 营业外收入 − 营业外支出

其中，营业外收入和营业外支出是指酒店发生的与其生产经营活动无直接关系的各项收入和各项支出。营业外收入包括债务重组利得、盘盈利得、因债务人原因确实无法支付的应付款项、罚款收入及捐赠利得等；营业外支出包括债务重组损失、公益性捐赠支出、非常损失和盘亏损失等。

3. 净利润

净利润是酒店当期利润总额减去所得税费用后的余额，即酒店的税后利润，是酒店利润分配的基础。所得税是酒店将实现的利润总额按照所得税法规定的标准计算的应缴纳税金，它是企业利润总额的扣减项目。由净利润的定义也可以看出来，其计算公式如下所示。

净利润 = 利润总额 − 所得税费用

6.2.2 影响酒店利润的因素

利润是酒店管理经济效益好坏的体现，正确认识影响酒店利润的各种因素，明确它们之间的关系及其对利润的影响程度，有利于控制酒店的收入、成本和利润，同时也有利于调节酒店的利润结构，提高酒店经济效益。现代酒店利润的影响因素主要来自两个方面：一是市场；二是成本，具体介绍如下。

1. 市场影响因素

市场是酒店获得销售收入甚至利润的最主要来源，酒店市场的供求关系、客流量、客源结构和客人的消费水平、支付能力等都是影响利润的关键条件，具体涵盖以下因素。

（1）客房出租率

客房出租率既是市场环境和供求关系好坏的体现，也是影响酒店利润的重要因素。在其他条件不变的前提下，客房出租率越高，酒店销售收入和利润额也越高，反之则越低。

（2）客房平均房价

客房平均房价是计划期内各种类型的客房，按牌价出租所达到的平均收入，它也是影响酒店利润的重要因素。市场平均房价的高低受多种因素的影响，但在其他条件不变的情况下，市场平均房价越高，酒店收入和利润也会越高，反之则越低。

（3）接待人次

接待人次表现为酒店客房的人次、餐饮经营的人次及康乐服务的人次等。在一定时期和一定经营条件下，酒店各服务项目的接待人次越多，其销售收入和利润一般越高，反之则越低。

（4）人均价格或收费标准

人均价格或收费标准是由酒店市场供求关系及酒店价格政策和价格水平决定的。在餐饮项目服务中，它表现为人均消费；在康乐服务项目中，它表现为每人次的收费或收入。在一定经营条件下，人均价格或收费标准越高，则实现利润越高。

2. 成本影响因素

成本是生产或销售一定产品或服务所产生的各种合理耗费，可以分为固定成本和变动成本两大类。为了便于分析成本对利润的影响程度，可以将成本影响因素大致分为以下五种，见表6-4。

表6-4　成本影响因素

影响因素	具体说明
原材料成本	它属于变动成本的范畴，随产品、产量或销售额变化而变化
能源消耗	能源消耗包括水费、电费和燃料动力消耗等。它们是酒店客房、餐饮及康乐服务等各部门业务经营必不可少的费用开支，属于变动成本的范畴
人力成本	人力成本是酒店劳动力价值高低的集中体现，一般是根据相关政策法规和酒店预算事先确定的，属于酒店固定成本的范畴
编外成本	编外成本是指酒店招聘临时工、季节工、实习工和小时工等所耗费的人力成本
固定成本	在一定时期和一定经营条件下，不随企业产品或销售额的变化而变化的那些成本称为固定成本。它分为两类：一是以资本性支出为主的约束性固定成本，如还本付息、房屋与家具、用具、机器折旧、房产税和土地增值税等；二是根据酒店经营业务需要事先酌情作出预算安排的酌量性固定成本，如管理费用、销售费用、维修费用和大修费用等

无论是市场因素还是成本方面的因素，都对酒店利润有着重要影响。但就其影响程度而言，市场方面的因素不同于成本方面的因素。前者对利润的影响属于倍数关系，如客房出租率、平均房价等，每增加多少，其利润可能会增加好几倍以上；后者对利润的影响属于等量关系，即在一定经营条件下，降低多少成本，就会增加多少利润。

6.2.3 利润影响因素分析步骤

在酒店经营管理过程中，各种因素对利润的影响程度，一方面取决于各个影响因素的类型，另一方面也要看各影响因素本身的体量，对这些影响因素进行分析主要有以下六个步骤。

1. 确定分析对象

分析对象是分析影响酒店利润的因素的前提和基础。分析对象不同，具体影响因素不同，各影响因素数据的收集范围、收集方式和数额大小也不完全相同。分析对象一般以客房、餐饮、商品或康乐服务处等部门为主，也可以以整个酒店为分析对象。

2. 选择影响因素

选择影响因素主要是根据事先确定的分析对象来确定。分析对象不同，市场方面的影响因素是有区别的，如分析客房利润影响因素，主要是客房出租率、出租天数和平均房价三个因素分析；餐饮利润影响因素，主要是餐厅上座率、接待人次和人均消费。成本方面的影响因素虽然名称是相同的，但各个因素的数据收集范围和数额却不相同。所以，要选择影响因素，必须根据分析对象来确定。

3. 掌握基期相关数据

基期相关数据是分析酒店各部门的利润影响因素的基本数据，没有这些数据，就无法看出相关因素的变化程度及对利润的影响程度。基期时间可以是一周、一个月，也可以是一个季度或一年。基期的相关数据主要包括分析对象的销量、产品价格、销售收入、成本和利润额等，其指标分类一般应与分析对象的影响因素相同。

基期各相关数据的来源应以分析对象的财务核算资料为准，在进行月度或年度分析时，可以从分析对象的相关财务报表中提取数据，从而为利润影响因素分析提供客观依据，保证分析结果的可靠性。

4. 分析各个影响因素对利润的影响

分析各个影响因素对利润的影响，是以基期各相关数据为基础，将各个影响因素进行排序，逐个计算这些因素变动后对利润的影响程度，其计算公式如下所示。

利润变化百分比（%）=（影响因素当期利润-影响因素基期利润）÷影响因素基期利润 ×100%

5. 计算利润乘数

利润乘数是利润变化项目，如营业利润、净利润等的百分比和影响因素变化百分比之间的比值。利润乘数说明的是每一个影响因素的变化对利润产生的影响程度，若一个影响因素的利润乘数越高，它对利润的影响也就越大，酒店管理人员也就越要加强对这个因素的控制和管理，以便更多、更快地提高分析对象的经济效益。其计算公式如下所示。

利润乘数 = 利润变化项目（%）÷ 影响因素变化（%）

6. 运用利润乘数控制经营业务

计算出分析对象的各个影响因素的利润乘数以后，就可以根据不同影响因素的利润乘数的大小，结合酒店各部门业务活动的开展情况，对不同影响因素分别采取不同措施，加强管理和控制；也可以根据利润计划增加的要求，采取相应的控制措施；还可以根据各影响因素的实际变化百分比分析其对利润额可能产生的影响程度，从而为酒店管理提供决策依据。

6.2.4　利润分配顺序

利润分配是指企业按照相关规定，对已实现的净利润在企业和投资者之间进行分配。在进行利润分配时需要遵循以下原则。

①依法分配原则：为规范各企业的利润分配行为，国家制定和颁布了若干法规，这些法规规定了企业利润分配的基本要求、一般程序和重大比例。企业的利润分配必须依法进行，包括酒店。

②分配与积累并重原则：为了酒店的持续经营发展，进行利润分配时要正确处理好长期利益和短期利益的关系，坚持分配与积累并重，除按规定提取法定盈余公积金以外，可适当留存一部分利润作为积累，这部分作为未分配利润仍归企业所有者所有。积累的净利润不仅可以用来扩大生产，增强酒店经营能力和抵抗风险的能力，还可以供未来年度进行分配。

酒店利润分配是以净利润为基础进行的，根据相关规定，企业可供分配的利润应首先缴纳所得税，税后剩余部分的利润为可供分配的利润，可供分配的利润再按以下顺序进行分配，如图 6-1 所示。

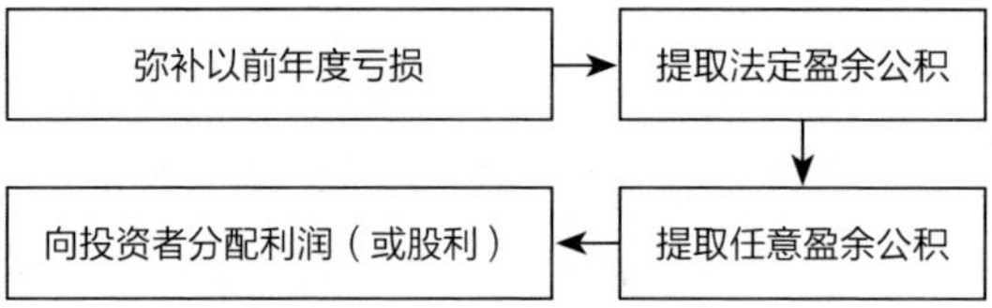

图 6-1　利润分配顺序

弥补以前年度亏损是指根据《中华人民共和国企业所得税法》第十八条的规定：“企业纳税年度发生的亏损，准予向以后年度结转，用以后年度的所得弥补，但结转年限最长不得超过五年。”

提取法定盈余公积是国家统一规定必须提取的，它的提取顺序在弥补亏损之后，按当年税后利润的 10% 提取，当法定盈余公积已达到注册资本的 50% 以上时不再提取。

提取任意盈余公积是由企业自行决定是否提取及提取比例，它的提取顺序在支付优先股股利之前。

法定盈余公积和任意盈余公积主要用来弥补亏损和转增资本，转增资本就是将盈余公积转为实收资本，实质是向股东发放股票股利的过程。

向投资者分配的利润包括向国家、其他单位、个人及外商等投资者分配的利润。对于上市公司，向投资者分配的利润包括支付的优先股股利和普通股股利。

上市公司在提取盈余公积后，应按照下列顺序向股东分配股利。

首先，支付优先股股利。

其次，支付普通股股利。

若企业当年无利润，不得分配股利，在用盈余公积弥补亏损后，经股东会特别决议，可以按照股票面值的一定比率用盈余公积分配股利。但在分配股利后，企业法定盈余公积不得低于注册资本的 25%。

酒店可供投资者分配的利润经过上述分配后，剩余的则为未分配利润，不足的为未弥补亏损。未分配利润可留待以后年度进行分配，如果酒店亏损，可以按规定由以后年度利润进行弥补。

6.2.5　酒店利润管理规范

在进行酒店利润管理时，需要注意以下管理要点。

①积极开拓酒店经营项目，提高服务质量，改善经营管理水平，降低成本费用消耗，合理增加利润。

②酒店应遵守财经制度的有关规定，正确计算酒店经营收支及盈亏，如实反映酒店的财务成果，准确及时地核算酒店利润。

③应按规定正确计算应交税费并及时缴纳，同时做好账务处理。

④酒店应保持利润的相对均衡性，可采取以盈补亏的办法。

此外，还可以制定相关利润管理规范来更好地指导利润管理。下面来看某酒店的利润管理制度，可供参考。

实用范例　**某酒店利润管理制度**

一、总则

1. 为了有效反映酒店经营成果，规范酒店经济利益的总流入，维护国家、企业及投资者的合法权益，特制定本制度。

2. 酒店利润及利润分配的管理包括以下内容。

（1）制订酒店利润计划。

（2）落实利润目标的责任归属。

（3）正确核算和反映酒店生产经营成果。

（4）正确计算和缴纳酒店所得税。

（5）开展利润预测与利润分析。

（6）建立利润指标考核及奖惩制度。

3. 酒店财务部门负责利润的管理。

二、制订利润计划

每年 12 月 1 日前，财务部门负责将下一年“利润计划草案”制订完毕，递交经理会议讨论研究；每年 12 月 10 日前，由总经理负责召集专门会议，讨论研究下一年“公司利润计划草案”，将利润计划初步分解、落实到有关责任部门；每年 12 月 20 日前，公司董事会审议通过下一年度利润计划；每年 12 月 30 日前，总经理与有关责任部门签订下一年度利润目标完成责任合同书，并正式下达下一年度利润计划。

三、利润考核与奖惩

每年、每月利润考核与奖惩情况如下。

1. 每月 5 日前，财务部门负责将上月各部门利润完成情况考核完毕，并简要分析利润计划的完成情况；每月 10 日前，公司根据财务部门利润考核结果，兑现月度利润奖惩方案。

2. 次年 1 月 20 日前，财务部门将上年度各部门利润完成情况考核完毕，并简要分析利润计划的完成情况；次年 1 月 25 日前，公司根据财务部门利润考核结果，兑现年度利润奖惩方案。

四、利润的构成与核算

1. 利润是在一定会计期间的经营成果，包括营业利润、利润总额和净利润。

（1）营业利润是企业日常生产经营活动的经营成果，计算公式如下。

营业利润 = 营业收入 − 营业成本 − 税金及附加 − 销售费用 − 管理费用 − 财务费用 − 资产减值损失 + 公允价值变动收益（− 公允价值变动损失）+ 投资收益（− 投资损失）

（2）利润总额是企业所有经营活动的经营成果，是营业利润加营业外收入，减去营业外支出后的金额，计算公式如下。

利润总额 = 营业利润 + 营业外收入 − 营业外支出

（3）净利润是指企业利润总额减去所得税费用后的余额，计算公式如下。

净利润＝利润总额-所得税费用

2. 财务部门要按照相关规定，科学设置有关利润核算的会计科目，正确核算公司的营业利润、利润总额和净利润。

3. 营业外收入和营业外支出应当按照具体收入和支出设置明细项目，进行明细核算，在利润表中分列项目反映。

五、所得税的核算

1. 公司采用资产负债表债务法进行所得税的核算，通过比较资产负债表上列示的资产、负债，按照会计准则规定确定的账面价值与按照税法规定确定的计税基础，对于两者之间的差额分别确认应纳税暂时性差异与可抵扣暂时性差异，确认相关的递延所得税负债与递延所得税资产，并在此基础上确定每一会计期间利润表中的所得税费用。

2. 财务部门要按照《中华人民共和国企业所得税法》第二十二条的规定："企业的应纳税所得额乘以适用税率，减除依照本法关于税收优惠的规定减免和抵免的税额后的余额，为应纳税额。"计算应纳税额。

六、附则

1. 本制度由财务部门负责解释。

2. 本制度自颁布之日起施行。

6.3　酒店纳税工作管理

纳税是每个企业重要的经济活动，酒店也需要做好纳税管理，承担纳税责任，按时纳税。

6.3.1　酒店经营涉及的主要税种

税种即税收的种类，我国现行税种按照征税对象划分，主要包括18种，具体为增值税、消费税、企业所得税、个人所得税、城市维护建设税、印花税、车辆购置税、车船税、环境保护税、房产税、城镇土地使用税、土地增值税、契税、耕地占用税、关税等。其中，酒店经营涉及的主要税种见表6-5。

表 6-5 酒店经营常见税种

税种	具体介绍
增值税	是指对销售货物、提供加工、修理修配劳务及进口货物的单位和个人，以其实现的增值额为计税依据而征收的一种流转税。根据相关规定，酒店在提供住宿服务、餐饮服务时，一般纳税人税率为 6%，小规模纳税人按 3% 的征收率征收
消费税	是指以消费品的流转额作为征税对象的一种税，主要包括烟、酒、高档化妆品、首饰珠宝等在内的 15 类税目，税率主要根据征税范围的不同而有所不同
企业所得税	企业所得税是对我国境内的企业和其他取得收入的组织的生产经营所得及其他所得征收的一种所得税，税率为 25%
个人所得税	个人所得税是税务机关对自然人、部分企业或法人征收的一种税。酒店在为员工发工资时，大多数都会为员工代扣代缴个人所得税，具体扣税标准可参照《中华人民共和国个人所得税法》的规定
城镇土地使用税	是指国家在城市、县城等范围内，对使用土地的单位和个人，根据其实际占用的土地面积为计税依据，按照规定的税额计算征收的一种税。酒店也需要根据其实际占用的土地面积缴纳城镇土地使用税，各地的计税标准不一样，具体可参考当地的税额标准
房产税	是以房屋为征税对象，按房屋的价值或租赁收入为计税依据，向产权所有人征收的一种财产税。《中华人民共和国房产税暂行条例》第三条规定："……房屋出租的，以房产租金收入为房产税计税依据。"第四条规定："房产税的税率，依照房产余值计算缴纳的，税率的 1.2%；依照房产租金收入计算缴纳的，税率为 12%。"
车辆购置税	是对在境内购置规定车辆的单位和个人征收的税，酒店购置的车辆需要按照 10% 的税率缴纳车辆购置税
车船税	是指在我国境内的车辆、船舶的所有人或管理人按照我国车船税法的规定应缴纳的一种税，各地规定不一，可参考当地车船税规定
印花税	是指国家对因商事、产权等行为所书立或使用的凭证征收的一种税，如酒店的建设工程合同、借款合同及营业账簿等需要按照《中华人民共和国印花税法》规定税目的税率标准来缴纳税款
环境保护税	是为了保护和改善环境，减少污染物排放，推进生态文明建设而对直接向环境排放应税污染物的单位和其他经营者征收的一种税。不同的税目，其税率也不一样，具体可参考《中华人民共和国环境保护税法》各税目税率的规定
耕地占用税	是对占用耕地建房或从事其他非农业建设的单位和个人征收的一种税，也以实际占用的耕地面积为计税依据。若酒店在经营过程中占用了种植农作物的土地，且并非用来建设农田水利设施，需要按照规定缴纳耕地占用税
城市维护建设税	又称城建税，是以纳税人实际缴纳的增值税、消费税税额为计税依据征收的一种附加税。其税率按照纳税人所在地实行差别税率，市区的适用税率为 7%，县城适用税率为 5%，其他地区的适用税率为 1%

续上表

税种	具体介绍
教育费附加	是由税务机关负责征收，专门用于发展地方教育事业的资金。与城市维护建设税一样，其纳税对象均为缴纳增值税与消费税的单位和个人。酒店在缴纳增值税与消费税时也需要缴纳教育费附加，税率为 3%

6.3.2　及时进行纳税申报

纳税申报是指纳税人、扣缴义务人在发生法定纳税义务后，按照税务机关相关行政法规的规定，在申报期限内，以书面形式向主管税务机关提交有关纳税事项及应缴税款的法律行为，是纳税人应履行的义务。

税种不同，纳税申报的期限也不一样，常见税种申报期限见表 6-6。

表 6-6　常见税种纳税申报期限

税种	申报期限
增值税	增值税的纳税期限分别为 1 日、3 日、5 日、10 日、15 日、一个月或一个季度。 纳税人的具体纳税期限，由主管税务机关根据纳税人应纳税额的大小分别核定。不能按照固定期限纳税的，可以按次纳税。纳税人以一个月或一个季度为一个纳税期的，自期满之日起 15 日内申报纳税；以 1 日、3 日、5 日、10 日或 15 日为一个纳税期的，自期满之日起 5 日内预缴税款，于次月 1 日起 15 日内申报纳税并结清上月应纳税款
消费税	消费税的申报期限与增值税是一样的
个人所得税	有下列情形之一的，纳税人应在规定期限内办理纳税申报。 ①取得综合所得需要办理汇算清缴，具体申报时间为取得所得的次年 3 月 1 日至 6 月 30 日内。 ②取得应税所得没有扣缴义务人，应当在取得所得的次月 15 日内向税务机关报送纳税申报表，并缴纳税款。 ③取得应税所得，扣缴义务人未扣缴税款，纳税人应当在取得所得的次年 6 月 30 日前，缴纳税款。 ④居民个人从中国境外取得所得的，应当在取得所得的次年 3 月 1 日至 6 月 30 日内申报纳税。 ⑤非居民个人在中国境内从两处以上取得工资、薪金所得，应当在取得所得的次月 15 日内申报纳税
企业所得税	企业所得税分为按月或按季预缴，企业应当自月份或季度终了之日起 15 日内，向税务机关报送预缴企业所得税纳税申报表，预缴税款

续上表

税种	申报期限
城市维护建设税	城市维护建设税的纳税义务发生时间与增值税、消费税一致，与增值税、消费税同时缴纳
车辆购置税	纳税人应当自纳税义务发生之日起60日内申报缴纳车辆购置税
车船税	按年申报，分月计算，一次性缴纳。纳税年度为公历1月1日至12月31日
耕地占用税	纳税人应当自纳税义务发生之日起30日内申报缴纳耕地占用税
环境保护税	环境保护税是按月计算，按季申报缴纳。不能按固定期限计算缴纳的，可按次申报缴纳。纳税人按季申报缴纳的，应当自季度终了之日起15日内，向税务机关办理纳税申报并缴纳税款。纳税人按次申报缴纳的，应当自纳税义务发生之日起15日内，向税务机关办理纳税申报并缴纳税款
印花税	印花税按季、按年或按次计征。实行按季、按年计征的，纳税人应当自季度、年度终了之日起15日内申报缴纳税款；实行按次计征的，纳税人应当自纳税义务发生之日起15日内申报缴纳税款

办理纳税申报的方式主要有直接申报、邮寄申报、数据电文申报及其他方式，具体如下所示。

直接申报：纳税人或扣缴义务人直接到税务机关办理申报。

邮寄申报：纳税人采取邮寄方式办理纳税申报的，应当使用统一的纳税申报专用信封，并以邮政部门收据作为申报凭据。邮寄申报以寄出的邮戳日期为实际申报日期。

数据电文申报：纳税人采取电子方式办理纳税申报的，应按照税务机关规定的期限和要求保存有关资料，并定期书面报送主管税务机关。

其他方式：如简易申报、委托代理申报等。

扣缴义务人需要按规定向税务机关报送代扣代缴、代收代缴税款报告表及其他有关资料。纳税人、扣缴义务人的纳税申报或代扣代缴、代收代缴税款报告表的主要内容包括：税种和税目；应纳税项目或应代扣代缴、代收代缴税款项目；计税依据；扣除项目及标准；适用税率或单位税额；应退税项目及税额、应减免税项目及税额；应纳税额或应代扣代缴、代收代缴税额；税款所属期限、延期缴纳税款、欠税及滞纳金等。

纳税申报表是纳税人履行纳税义务，按规定应向税务机关申报纳税期应缴税额时填报的表格，不同税种格式也不一样，图 6-2 为某企业所得税纳税申报表。

A100000 企业所得税年度纳税申报主表

行次	类别	项　　目	金　额
1	利润总额计算	一、营业收入（填写 A101010/101020/103000）	
2		减：营业成本（填写 A102010/102020/103000）	
3		减：税金及附加	
4		减：销售费用（填写 A104000）	
5		减：管理费用（填写 A104000）	
6		减：研发费用（填写 A104000）	
7		减：财务费用（填写 A104000）	
8		加：其他收益	
9		加：投资收益（损失以‘－’号填列）	
10		加：净敞口套期收益（损失以‘－’号填列）	
11		加：公允价值变动收益（损失以‘－’号填列）	
12		加：信用减值损失（损失以‘－’号填列）	
13		加：资产减值损失（损失以‘－’号填列）	
14		加：资产处置收益（损失以‘－’号填列）	
15		二、营业利润（亏损以‘－’号填列）	
16		加：营业外收入（填写 A101010/101020/103000）	
17		减：营业外支出（填写 A102010/102020/103000）	
18		三、利润总额（15＋16－17）	
19	应纳税所得额计算	减：境外所得（填写 A108010）	
20		加：纳税调整增加额（填写 A105000）	
21		减：纳税调整减少额（填写 A105000）	
22		减：免税、减计收入及加计扣除（22.1＋22.2＋…）	
22.1		（填写优惠事项名称）	
22.2		（填写优惠事项名称）	
23		加：境外应税所得抵减境内亏损（填写 A108000）	
24		四、纳税调整后所得（18－19＋20－21－22＋23）	
25		减：所得减免（填写 A107020）	
26		减：弥补以前年度亏损（填写 A106000）	
27		减：抵扣应纳税所得额（填写 A107030）	
28		五、应纳税所得额（24－25－26－27）	
29	应纳税额计算	税率（25%）	
30		六、应纳所得税额（28×29）	
31		减：减免所得税额（31.1＋31.2＋…）	
31.1		（填写优惠事项名称）	
31.2		（填写优惠事项名称）	
32		减：抵免所得税额（填写 A107050）	
33		七、应纳税额（30－31－32）	
34		加：境外所得应纳所得税额（填写 A108000）	
35		减：境外所得抵免所得税额（填写 A108000）	
36		八、实际应纳所得税额（33＋34－35）	
37	实际应补（退）税额计算	减：本年累计预缴所得税额	
38		九、本年应补（退）所得税额（36－37）	
39		其中：总机构分摊本年应补（退）所得税额（填写 A109000）	
40		财政集中分配本年应补（退）所得税额（填写 A109000）	
41		总机构主体生产经营部门分摊本年应补（退）所得税额（填写 A109000）	
42		减：民族自治地区企业所得税地方分享部分：（□ 免征 □ 减征：减征幅度___%）	
43		减：稽查查补（退）所得税额	
44		减：特别纳税调整补（退）所得税额	
45		十、本年实际应补（退）所得税额（38－42－43－44）	

图 6-2　某企业所得税纳税申报表

此外，纳税人办理纳税申报时，还需要根据不同的情况相应报送以下相关证件和资料。

①财务会计报表及其说明材料。

②与纳税有关的合同、协议书及凭证。

③税控装置的电子报税资料。

④外出经营活动税收管理证明和异地完税凭证。

⑤境内或境外公证机构出具的有关证明文件。

⑥报送代扣代缴、代收代缴税款的合法凭证及税务机关规定的其他有关证件、资料。

需要注意的是，纳税人在纳税期内没有应纳税款的，也应当按照规定办理纳税申报；纳税人享受减税、免税待遇的，在减税、免税期间也应当按照规定办理纳税申报。

6.3.3 积极配合税务检查

税务检查是税收征收管理的一个重要环节，它指税务机关依法对纳税人履行纳税义务和扣缴义务人履行代扣、代缴税款义务的状况进行的监督检查。纳税人或扣缴义务人必须接受税务机关依法进行的税务检查，如实反映情况，提供有关资料，不得拒绝和隐瞒。在税务机关依法进行税务检查时，有关部门和单位应当予以支持、协助。

酒店作为纳税义务人，应当积极配合税务检查。税务检查的范围主要涉及以下内容，如图 6-3 所示。

税务检查内容主要包括以下方面，酒店应保管好这些资料，以便税务机关检查。

①检查纳税人的账簿、记账凭证、报表和有关资料，检查扣缴义务人代扣代缴、代收代缴税款账簿、记账凭证和有关资料。

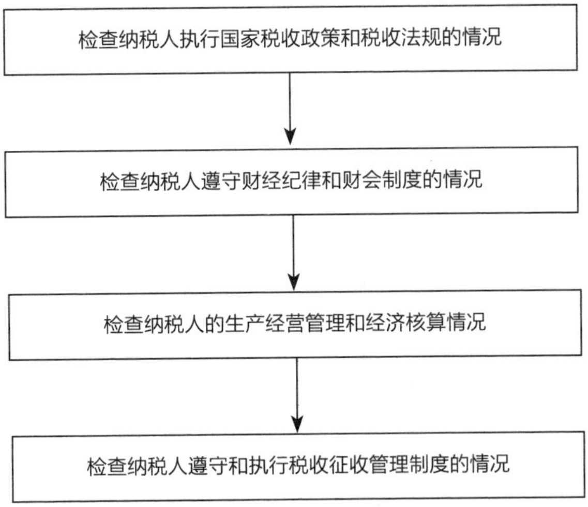

图 6-3　税务检查的范围

②到纳税人的生产、经营场所和货物存放地检查纳税人应纳税的商品、货物或其他财产，检查扣缴义务人与代扣代缴、代收代缴税款有关的经营情况。

③责成纳税人、扣缴义务人提供与纳税或代扣代缴、代收代缴税款有关的文件、证明材料和有关资料。

④询问纳税人、扣缴义务人与纳税或代扣代缴、代收代缴税款有关的问题和情况。

⑤到车站、码头、机场、邮政企业及其分支机构检查纳税人托运、邮寄应纳税商品、货物或其他财产的有关单据、凭证和有关资料。

⑥经县以上税务局（分局）局长批准，凭全国统一格式的检查存款账户许可证明，查询从事生产、经营的纳税人、扣缴义务人在银行或其他金融机构的存款账户。

税务检查的方式主要包括以下三种，见表 6-7。

表 6-7 税务检查的方式

方式	具体介绍
税务查账	税务查账是对纳税人的会计凭证、账簿、报表及银行存款账户等核算资料所反映的纳税情况进行检查，也是税务检查最常用的方法
实地调查	实地调查就是对纳税人账外情况进行的现场调查
税务稽查	税务稽查就是对纳税人的各种应税货物进行检查

税务机关在依法进行税务检查时，纳税人或扣缴义务人必须接受检查，如实反映情况，提供有关资料，不得拒绝、隐瞒；有关部门和个人有义务向税务机关如实提供有关材料及证明材料。

第 7 章

财务报表及指标精确分析

财务报表是反映酒店一定日期财务状况、一定时期经营成果及现金流量的书面文件，它可以反映重要的会计信息，为酒店进行经济预测和决策提供依据。通过对酒店财务报表数据的进一步分析，可以挖掘出财务数据背后的意义，指导酒店财务部门实现精细化管理。

7.1 认识基础财务报表

财务报表是按规定的格式、内容和方法编制的，综合反映企业财务状况的书面文件，也是企业财务成果的直接体现，主要包括资产负债表、利润表、现金流量表及所有者权益变动表四大报表。每个报表都有其独特的作用，通过对各报表数据的分析，可以客观、精准地反映酒店的经营情况，便于酒店进行财务部门的精细化管理。

7.1.1 初识资产负债表

资产负债表是反映企业在某一特定日期，全部资产、负债和所有者权益情况的会计报表，是根据“资产 = 负债 + 所有者权益”这一会计恒等式，再按照一定的分类标准和次序，将某一特定日期的资产、负债、所有者权益各项目予以排列编制而成的报表。

资产负债表的格式主要有账户式和报告式两种，根据现行企业会计制度的规定，我国采用的是账户式资产负债表，如图 7-1 所示。

资产负债表

编制单位：　　　　　　　　　　年　月　日　　　　　　　　　　单位：元

资产	期末余额	上年年末余额	负债和所有者权益（或股东权益）	期末余额	上年年末余额
流动资产：			流动负债：		
货币资金			短期借款		
交易性金融资产			交易性金融负债		
衍生金融资产			衍生金融负债		
应收票据			应付票据		
应收账款			应付账款		
应收账款融资			预收款项		
预付款项			合同负债		
其他应收款			应付职工薪酬		
存货			应交税费		
合同资产			其他应付款		
持有待售资产			持有待售负债		
一年内到期的非流动资产			一年内到期的非流动负债		
其他流动资产			其他流动负债		
流动资产合计			流动负债合计		
非流动资产：			非流动负债：		
债权投资			长期借款		
其他债权投资			应付债券		
长期应收款			其中：优先股		
长期股权投资			永续债		
其他权益工具投资			租赁负债		
其他非流动金融资产			长期应付款		
投资性房地产			预计负债		
固定资产			递延收益		
在建工程			递延所得税负债		
生产性生物资产			其他非流动负债		
油气资产			非流动负债合计		
使用权资产			负债合计		
无形资产			所有者权益（或股东权益）：		
开发支出			实收资本（或股本）		
商誉			其他权益工具		
长期待摊费用			其中：优先股		
递延所得税资产			永续债		
其他非流动资产			资本公积		
非流动资产合计			减：库存股		
			其他综合收益		
			专项储备		
			盈余公积		
			未分配利润		
			所有者权益（或股东权益）合计		
资产总计			负债和所有者权益（或股东权益）总计		

单位负责人：　　　　　　　　财务主管：　　　　　　　　制表人：

图 7-1　账户式资产负债表

1. 资产负债表的作用

资产负债表具有以下作用。

①反映企业资产的构成及其状况：通过分析企业在某一日期所拥有的经济资源及其分布情况，可以揭示企业的资产及其分布结构。如从流动资产项目可以了解企业在银行的存款及转换能力，掌握资产的流动性与质量；

从长期投资可以看出企业从事的是实业投资还是股权债权投资，以及是否存在新的利润增长点或潜在风险等。

②反映企业某一日期的负债总额及其结构：根据企业资产、负债和所有者权益之间的恒等关系，可以揭示公司的资产来源及其构成。如公司负债比重高，相应的所有者权益就低，说明该公司主要是靠债务“撑大”了资产总额，真正属于公司自已的财产，即所有者权益并不多。

③反映企业所有者权益的情况：通过资产负债表可了解企业现有投资者在企业投资总额中所占的份额，如实收资本和留存收益反映了企业投资者对企业的初始投入和资本累积的多少，也反映了企业的资本结构和财务实力,有助于报表使用者分析、预测企业生产经营的安全程度和抗风险能力。

④预测和解释企业的偿债能力：可以通过对资产和负债流动性的分析，评价企业的短期偿债能力，也可以通过对企业以全部资产偿还全部负债能力的分析，预测企业的长期偿债能力。

2. 资产负债表主要构成要素

从图 7-1 中可以看出，资产负债表的左侧是资产项目，右侧是负债及所有者权益项目，且根据“资产 = 负债 + 所有者权益”这一会计恒等式，资产合计数等于负债加所有者权益合计数。同时，为了便于比较不同时点资产负债表的数据，表内各项目均分设“期末余额”与“上年年末余额”两栏填列。

除上述结构与列报格式外，为清晰反映企业财务状况的核心要素，资产负债表中至少应当单独列示以下信息。

①资产类：货币资金、以公允价值计量且其变动计入当期损益的金融资产、应收款项、预付款项、存货、被划分为持有待售的非流动资产及被划分为持有待售的处置组中的资产、可供出售金融资产、持有至到期投资、长期股权投资、投资性房地产、固定资产、生物资产、无形资产及递延所得税资产。

②负债类：短期借款、以公允价值计量且其变动计入当期损益的金融负债、应付款项、预收款项、应付职工薪酬、应交税费、被划分为持有待

售的处置组中的负债、长期借款、应付债券、长期应付款、预计负债及递延所得税负债。

③所有者权益类：实收资本或股本、资本公积、盈余公积及未分配利润。

3. 资产负债表的填列依据

资产负债表中“期末余额”的填列方式主要有以下五种。

①根据“总账科目”余额填列：如短期借款、实收资本、资本公积和其他综合收益等项目，应根据有关总账科目余额填列。此外，有些科目需要根据几个总账科目计算填列，如“货币资金”需要根据“库存现金”、“银行存款”和“其他货币资金”科目余额的合计数填列。

②根据“明细账”科目余额分析计算填列：如“预收款项”应根据“预收账款”和“应收账款”所属明细科目的期末贷方余额合计数填列；“应付职工薪酬”应根据该科目的明细科目期末余额分析填列。

③根据“总账余额”与“明细科目”分析计算填列：如“长期借款”项目，需要以“长期借款”总账科目余额为基础，扣除该科目所属的明细科目中自资产负债表日起一年内到期且企业无法自主展期清偿义务的长期借款金额后计算填列。

④根据有关科目余额减去备抵科目余额后的净额填列：如“固定资产”应根据“固定资产”科目的期末余额减去“累计折旧”和“固定资产减值准备”科目的期末余额后的净额填列。

⑤综合运用前几种方法填列：如未单独设置“应收股利”和“应收利息”科目的企业，“其他应收款”应根据“其他应收款”、“应收利息”和“应收股利”科目的期末余额合计数，减去“坏账准备”科目中相关坏账准备期末余额后的金额填列。

7.1.2 初识利润表

利润表是反映企业在一定会计期间经营成果的报表，由于它反映的是某一期间的情况，所以又被称为动态报表。通过利润表可以分析、预测酒店的经营成果和获利能力，还可以评价酒店的偿债能力，也有利于管理者做出经营决策。

利润表常见的格式有单步式与多步式两种，我国大多数企业采用的都是多步式，如图 7-2 所示。

利润表

编制单位：××公司　　××年××月　　单位：元

项目	本期金额	上期金额
一、营业收入		
减：营业成本		
税金及附加		
销售费用		
管理费用		
研发费用		
财务费用		
其中：利息费用		
利息收入		
加：其他收益		
投资收益（损失以“-”号填列）		
其中：对联营企业和合营企业的投资收益		
以摊余成本计量的金融资产终止确认收益（损失以“-”填列）		
净敞口套期收益（损失以“-”号填列）		
公允价值变动收益（损失以“-”号填列）		
信用减值损失（损失以“-”号填列）		
资产减值损失（损失以“-”号填列）		
资产处置收益（损失以“-”号填列）		
二、营业利润（亏损以“-”号填列）		
加：营业外收入		
减：营业外支出		
三、利润总额（亏损总额以“-”号填列）		
减：所得税费用		
四、净利润（净亏损以“-”号填列）		
（一）持续经营净利润（净亏损以“-”号填列）		
（二）终止经营净利润（净亏损以“-”号填列）		
五、其他综合收益的税后净额		
（一）不能重分类进损益的其他综合收益		
1. 重新计量设定受益计划变动额		
2. 权益法下不能转损益的其他综合收益		
3. 其他权益工具投资公允价值变动		
4. 企业自身信用风险公允价值变动		
……		
（二）将重分类进损益的其他综合收益		
1. 权益法下可转损益的其他综合收益		
2. 其他债权投资公允价值变动		
3. 金融资产重分类计入其他综合收益的金额		
4. 其他债权投资信用减值准备		
5. 现金流量套期储备		
6. 外币财务报表折算差额		
……		
六、综合收益总额		
七、每股收益：		
（一）基本每股收益		
（二）稀释每股收益		

图 7-2　多步式利润表

从图 7-2 中可以看出，利润表主要反映了以下内容，见表 7-1。

表 7-1 利润表内容

项目	具体介绍
营业收入	营业收入是企业在一定时期内，销售商品或提供劳务获得的收入，分为主营业务收入和其他业务收入
营业成本	营业成本是企业在一定时期内，销售商品或提供劳务所花费的成本，分为主营业务成本和其他业务成本
税金及附加	税金及附加反映企业经营主要业务所应负担的各项税费，如增值税、消费税和城建税等
销售费用	销售费用是指企业销售商品和材料、提供劳务的过程中发生的各种费用
管理费用	管理费用是指企业行政管理部门为组织和管理生产经营活动而发生的各种费用
财务费用	财务费用是指企业为筹集生产经营所需资金而发生的费用，如利息净支出、汇兑净损失及金融机构手续费等
营业外收入	营业外收入是指与企业日常营业活动没有直接关系的各项利得，如捐赠收入、罚款收入等
营业外支出	营业外支出是指除主营业务成本和其他业务成本以外的各项非营业性支出，如罚款支出、捐赠支出和非常损失等
所得税费用	所得税费用是指企业经营获得利润应交缴的所得税
营业利润	营业利润是指企业的全部销售业务所实现的利润，其计算公式在前面的内容中已经介绍过，这里不再赘述
利润总额	利润总额是企业在一定时期内通过生产经营活动实现的最终财务成果，计算公式参考前面的内容
净利润	净利润是企业的税后利润，是企业当期利润总额减去所得税费用后的金额

利润表中“本期金额”的填列，主要是根据损益类科目和所有者权益类有关科目的发生额填列的，具体规则如下所述。

①营业收入、营业成本、税金及附加、销售费用、管理费用、财务费用、营业外收入、营业外支出和所得税费用等应根据有关损益类科目的发生额填列。

②利息收入和利息费用，应根据“财务费用”科目所属的有关明细科目的发生额分析填列。

③营业利润、利润总额和净利润，应根据相关项目计算填列。

7.1.3　了解现金流量表

现金流量表是反映企业一定会计期间现金及现金等价物流入与流出情况的报表。现金流量表弥补了资产负债表信息的不足，也有利于了解酒店筹措现金、生成现金的能力。我国现金流量表的格式与资产负债表一样，采用的也是账户式，如图 7-3 所示。

现金流量表

编制单位：　　　　　　　　年　　月　　　　　　　　单位：元

项目	本月金额	本年累计金额
一、经营活动产生的现金流量：		
销售商品、提供劳务收到的现金		
收到的税费返还		
收到其他与经营活动有关的现金		
经营活动现金流入小计		
购买商品、接受劳务支付的现金		
支付给职工以及为职工支付的现金		
支付的各项税费		
支付其他与经营活动有关的现金		
经营活动现金流出小计		
经营活动产生的现金流量净额		
二、投资活动产生的现金流量：		
收回投资收到的现金		
取得投资收益收到的现金		
处置固定资产、无形资产和其他长期资产收回的现金净额		
处置子公司及其他营业单位收到的现金净额		
收到其他与投资活动有关的现金		
投资活动现金流入小计		
购建固定资产、无形资产和其他长期资产支付的现金		
投资支付的现金		
取得子公司及其他营业单位支付的现金净额		
支付其他与投资活动有关的现金		
投资活动现金流出小计		
投资活动产生的现金流量净额		
三、筹资活动产生的现金流量：		
吸收投资收到的现金		
取得借款收到的现金		
收到其他与筹资活动有关的现金		
筹资活动现金流入小计		
偿还债务支付的现金		
分配股利、利润或偿付利息支付的现金		
支付其他与筹资活动有关的现金		
筹资活动现金流出小计		
筹资活动产生的现金流量净额		
四、汇率变动对现金及现金等价物的影响		
五、现金及现金等价物净增加额		
加：期初现金及现金等价物余额		
六、期末现金及现金等价物余额		

图 7-3　现金流量表模板

从图 7-3 中可以看出，现金流量表被划分为经营活动产生的现金流量、投资活动产生的现金流量和筹资活动产生的现金流量三部分，具体内容见表 7-2。

表 7-2　现金流量表内容

内容	具体介绍
经营活动产生的现金流量	主要包括两部分：一是经营活动现金流入；二是经营活动现金流出。在现金流入部分，主要是销售商品、提供劳务收到的现金；在现金流出部分，主要是购进商品、接受劳务付出的现金。其中，接受劳务付出的现金与人力成本息息相关
投资活动产生的现金流量	投资活动产生的现金流量能够支撑企业更好地发展，如果投资效果良好，产生的现金流入就能用于偿还债务并创造现金流；若投资效果不如预期，企业则可能出现偿债困难的情况。 投资活动是否能够产生现金流量，与其投资项目息息相关，酒店管理者不能只简单地对现金流入、流出情况进行判断，还要结合每个投资项目进行具体分析
筹资活动产生的现金流量	筹资活动虽然能够为企业带来新鲜“血液”，但也会使企业面临偿债压力；若企业吸收的资本多为权益性资本，则不需要企业偿还，反而会增强企业的资金实力

现金流量表的编制方法主要有工作底稿法、T 形账户法和分析填列法。其中比较简单、常用的方式是分析填列法，分析填列法是直接根据资产负债表、利润表有关会计科目明细账的记录，分析计算出各项目的金额。

7.1.4　了解所有者权益变动表

所有者权益变动表是反映企业本期（年度或中期）内截至期末所有者权益变动情况的报表。所有者权益变动表可以为报表使用者提供所有者权益总量增减变动的信息，也能为其提供所有者权益增减变动的结构性信息。在所有者权益变动表中，至少应单独列示以下信息的项目。

①综合收益总额，在合并所有者权益变动表中还应单独列示归属于母公司所有者的综合收益总额和归属于少数股东的综合收益总额。

②会计政策变更和前期差错更正的累积影响金额。

③所有者投入资本和向所有者分配利润等。

④按照规定提取的盈余公积。

⑤所有者权益各组成部分的期初和期末余额及其调节情况。

所有者权益变动表的具体格式如图 7-4 所示。

所有者权益变动表

会企04表

编制单位：　　　　　　　　　　　　年度　　　　　　　　　　　　金额单位：元

项目	本年金额											上年金额										
	实收资本（或股本）	其他权益工具			资本公积	减：库存股	其他综合收益	专项储备	盈余公积	未分配利润	所有者权益合计	实收资本（或股本）	其他权益工具			资本公积	减：库存股	其他综合收益	专项储备	盈余公积	未分配利润	所有者权益合计
		优先股	永续债	其他									优先股	永续债	其他							
一、上年年末余额																						
加：会计政策变更																						
前期差错更正																						
其他																						
二、本年年初余额																						
三、本期增减变动金额（减少以“-”号填列）																						
（一）综合收益总额																						
（二）所有者投入和减少资本																						
1. 所有者投入的普通股																						
2. 其他权益工具持有者投入资本																						
3. 股份支付计入所有者权益的金额																						
4. 其他																						
（三）利润分配																						
1. 提取盈余公积																						
2. 对所有者（或股东）的分配																						
3. 其他																						
（四）所有者权益内部结转																						
1. 资本公积转增资本（或股本）																						
2. 盈余公积转增资本（或股本）																						
3. 盈余公积弥补亏损																						
4. 设定受益计划变动额结转留存收益																						
5. 其他综合收益结转留存收益																						
6. 其他																						
四、本年年末余额																						

图 7-4　所有者权益变动表模板

在所有者权益变动表中，“本年金额”一般根据实收资本（股本）、其他权益工具、资本公积、库存股、盈余公积和利润分配等科目及明细科目的发生额分析填列。

7.2 四大财务报表分析

财务报表分析是对企业财务报表提供的数据进行加工、分析、比较、评价和解释。通过对财务报表分析，可以判断酒店的财务状况是否良好、经营管理是否健全、发展前景如何，同时还可以发现酒店经营管理存在的问题，便于及时解决。

7.2.1 资产负债表分析

资产负债表分析是把定量分析和定性分析结合起来，全面分析各种因素对企业资产和负债的影响，通过对资产负债表的分析可以了解企业财务状况的变动情况及原因。资产负债表分析的内容主要包括水平分析、垂直分析和项目分析，具体介绍如下。

1. 资产负债表水平分析

资产负债表水平分析是将分析期的资产负债表各项目数值，与基期（上年数）进行比较，计算出变动额、变动率及该项目对资产总额、负债总额和所有者权益总额的影响程度。对资产负债表变动情况分析，可以从投资或资产角度及筹资或权益角度进行分析。

（1）从投资或资产角度进行分析

可以分析以下内容。

①分析总资产规模的变动状况，以及各项资产的变动状况。

②重点分析变动幅度较大或对总资产影响较大的项目。

③分析资产变动的合理性与效益性。

④观察资产规模变动与所有者权益总额变动的适应程度，评价企业财

务结构的稳定性和安全性。

⑤分析会计政策变动的影响。

（2）从筹资或权益角度进行分析

可以重点分析以下内容。

①分析权益总额的变动状况及各项筹资的变动状况。

②重点关注变动幅度较大或对权益影响较大的项目。

③注意分析评价表外业务的影响。

其中，表外业务是指不列入资产负债表，但能影响银行当期损益的经营活动，如担保业务、承诺业务等。

2. 资产负债表垂直分析

资产负债表垂直分析是指通过计算资产负债表中各项目占总资产或权益总额的比重，来分析评价企业资产结构和权益结构变动的合理程度。可以从静态或动态角度来分析，静态角度是指以本期资产负债表为分析对象，通过静态分析可以观察企业资产的配置情况，评价企业资产的合理性；动态角度是指将本期资产负债表与选定的标准进行比较，通过动态分析，可以看出资产结构的变动情况，评价企业资产的稳定性。

3. 资产负债表项目分析

资产负债表项目分析是对总资产或负债和所有者权益变动影响比较大的项目及自身变动比较大的项目进行分析。通过对具体项目的分析，也可以反映企业的经营情况。

下面来看一个案例。

实用范例 某酒店 2023 年及 2024 年资产负债表水平分析

某酒店 2023 年及 2024 年资产负债表部分数据见表 7-3。

表 7-3　2023 年及 2024 年资产负债表部分数据

项目	2023 年（元）	2024 年（元）
流动资产：		
货币资金	903 501 509.86	2 019 356 924.24

续上表

项目	2023年（元）	2024年（元）
应收账款	6 181 723.27	6 299 903.50
预付账款	89 330 439.56	95 604 863.19
其他应收款	66 173 016.62	68 671 196.43
存货	1 398 437 813.41	1 589 277 657.58
流动资产合计	2 463 624 502.72	3 779 210 544.94
非流动资产：		
固定资产	395 327 960.25	183 008 322.21
在建工程	176 654 170.04	225 217 986.80
无形资产	37 590 658.71	170 084 374.04
递延所得税资产	9 429 560.82	5 877 210.09
非流动资产合计	619 002 349.82	584 187 893.14
资产总计	3 082 626 852.54	4 363 398 438.08
流动负债：		
短期借款	590 000 000.00	980 000 000.00
应付账款	876 346 305.82	1 341 599 273.74
应付职工薪酬	70 089 421.99	90 881 998.65
应交税费	81 742 914.07	75 382 294.00
其他应付款	65 508 666.41	96 443 418.17
流动负债合计	1 683 687 308.29	2 584 306 984.56
非流动负债：		
长期借款	557 288 000.00	790 337 137.03
递延所得税负债	9 685 706.88	7 792 608.71
非流动负债合计	566 973 706.88	798 129 745.74
负债合计	2 250 661 015.17	3 382 436 730.30
所有者权益：		
资本公积	676 415 343.73	804 744 017.95
盈余公积	79 912 033.16	95 955 065.95

续上表

项目	2023 年（元）	2024 年（元）
未分配利润	75 638 460.48	80 262 623.88
所有者权益合计	831 965 837.37	980 961 707.78
负债及所有者权益合计	3 082 626 852.54	4 363 398 438.08

根据以上数据，可以得出该酒店 2023 年及 2024 年资产负债表中各项目的变动情况及对总资产的影响情况，具体内容见表 7-4。

表 7-4　2023 年及 2024 年资产负债表各项目变动情况及对总资产的影响

项目	变动情况		对总资产的影响（%）
	变动额（元）	变动百分比（%）	
流动资产：			
货币资金	1 115 855 414.38	123.50	36.20
应收账款	118 180.23	1.91	0.00
预付账款	6 274 423.63	7.02	0.20
其他应收款	2 498 179.81	3.78	0.08
存货	190 839 844.17	13.65	6.19
流动资产合计	1 315 586 042.22	53.40	42.68
非流动资产：			
固定资产	－212 319 638.04	－53.71	－6.89
在建工程	48 563 816.76	27.49	1.58
无形资产	132 493 715.33	352.46	4.30
递延所得税资产	－3 552 350.73	－37.67	－0.12
非流动资产合计	－34 814 456.68	－5.62	－1.13
资产总计	1 280 771 585.54	41.55	41.55
流动负债：			
短期借款	390 000 000.00	66.10	12.65
应付账款	465 252 967.92	53.09	15.09

续上表

项目	变动情况		对总资产的影响（%）
	变动额（元）	变动百分比（%）	
应付职工薪酬	20 792 576.66	29.67	0.67
应交税费	－6 360 620.07	－7.78	－0.21
其他应付款	30 934 751.76	47.22	1.00
流动负债合计	900 619 676.27	53.49	29.22
非流动负债：			
长期借款	233 049 137.03	41.82	7.56
递延所得税负债	－1 893 098.17	－19.55	－0.06
非流动负债合计	231 156 038.86	40.77	7.50
负债合计	1 131 775 715.13	50.29	36.71
所有者权益：			
资本公积	128 328 674.22	18.97	4.16
盈余公积	16 043 032.79	20.08	0.52
未分配利润	4 624 163.40	6.11	0.15
所有者权益合计	148 995 870.41	17.91	4.83
负债及所有者权益合计	1 280 771 585.54	41.55	41.55

注意，表7-4中涉及百分比的数据，由于存在四舍五入的运算规则，因此部分数据之间的计算结果可能有误差，但这不影响正常的分析。

从表7-4中可以看出，“变动额”表示本期各项目数值与基期（上年）的差额，如货币资金的变动额=2 019 356 924.24－903 501 509.86=1 115 855 414.38（元）。

“变动百分比”表示该项目变动额与基期该项目数额的比值，如应收账款变动百分比=118 180.23÷6 181 723.27×100%=1.91%。

“对总资产的影响”表示各项目的变动额与基期总资产的比值，如存货变动额对总资产的影响=190 839 844.17÷3 082 626 852.54×100%=6.19%。

根据该酒店资产负债表各项目的变动情况，从投资或资产的角度来分析，可以得出以下信息。

①流动资产本期增加了1 315 586 042.22元，增长幅度为53.40%，使总资

产的影响达到了 42.68%；非流动资产本期减少了 34 814 456.68 元，减少幅度为 5.62%。但是由于流动资产的大幅增加，使得本期总资产增加了 41.55%。

②流动资产增加主要体现在货币资金的大幅增加，增长幅度为 123.50%，对总资产的影响程度为 36.20%。货币资金的增长有利于提高酒店的短期偿债能力，满足资金的流动性需求。

③非流动资产减少主要是由于固定资产的减少，减少幅度为 53.71%，对总资产的影响程度为 -6.89%，固定资产的减少可能是由于计提了折旧或是发生了固定资产减值准备及对外出售、转让等。

从筹资或权益的角度来分析可以得出以下信息。

①所有者权益总额增加了 148 995 870.41 元，增长幅度为 17.91%。负债本期增长了 1 131 775 715.13 元，增长幅度为 50.29%，对总权益的影响程度达到了 36.71%，可以看出本期权益总额的增长主要表现在负债上。

②负债本期增长主要体现在短期借款和应付账款上，短期借款增加了 390 000 000.00 元，增长了 66.10%，对权益总额的影响程度为 12.65%；应付账款增加了 465 252 967.92 元，增长了 53.09%，对权益总额的影响程度为 15.09%。短期借款和应付账款使酒店资产增加的同时，也加大了债务压力，不利于再次获取举借资本。

对资产负债表的水平分析包括但不限于以上内容，在实务中往往会结合几种方法一起使用，可以更全面地分析酒店的经营发展情况，便于做出经营决策。

7.2.2　利润表分析

利润表分析是通过分析企业如何获取收入、控制成本费用支出以实现盈利的能力，进而评价企业的经营成果。对利润表的分析主要通过对各项利润的增减变动、结构变动及影响利润的收入与成本进行分析，具体介绍如下。

1. 利润额增减变动情况

通过对利润表的水平分析，从利润的形成角度，可以看出利润额的变动情况，揭示酒店在利润形成过程中的管理业绩及存在的问题。

2. 利润结构变动情况

利润结构变动分析，主要是在对利润表进行垂直分析的基础上，揭示各项利润及成本费用与收入的关系，以此反映酒店各环节的利润构成情况及利润、成本费用水平。

3. 收入分析

收入分析的内容包括对收入的确认与计量的分析、影响收入的价格因素与销售量因素的分析及企业收入的构成分析等。

4. 成本费用分析

成本费用分析包括产品销售成本分析和期间费用分析两部分。产品销售成本分析又包括销售总成本分析和单位销售成本分析；期间费用分析包括销售费用分析和管理费用分析。

7.2.3 现金流量表分析

现金流量表分析是指对现金流量表的有关数据进行比较、分析和研究，从而了解企业的现金流情况。现金流量表分析的目的主要在于了解企业现金的变动情况及原因，判断企业获取现金的能力及评价企业盈利的质量。对现金流量表的分析可以从以下方面进行，具体内容见表 7-5。

表 7-5 现金流量表分析内容

分析内容	具体介绍
现金流量结构分析	现金流量的结构分析可以从现金收入结构、支出结构和结余结构三个方面进行分析。 ①现金收入结构：是反映企业各项业务活动的现金收入，如经营活动的现金收入、投资活动的现金收入及筹资活动的现金收入等在全部现金收入中的比重，以及各项业务活动现金收入中具体项目的构成情况，明确现金的来源和增加现金收入的渠道。 ②现金支出结构：是指企业的各项现金支出占企业当期全部现金支出的百分比，它反映了企业的现金用在哪些方面。 ③现金结余结构：指企业的各项业务活动的现金收支净额占全部现金余额的百分比，它反映企业的现金余额是如何构成的

续上表

分析内容	具体介绍
现金流量趋势分析	现金流量趋势分析是指企业的现金收入、支出及结余发生了怎样的变动，其变动趋势如何及这种趋势对企业是有利还是不利进行分析。现金流量趋势分析通常采用编制历年财务报表的方法，将连续多年的报表，如最近两三年，甚至五年、十年的财务报表并列在一起加以分析，以观察变化趋势
企业偿债能力分析	可以通过企业现金流量的情况来分析企业的偿债能力，如下所述。 （1）从经营活动产生的现金流量分析企业偿债能力 ①将销售商品、提供劳务获得的现金与购买商品、接受劳务支付的现金进行比较，若收入的现金流量大于支出，说明企业有较好的销售利润和销售回款，从而提高企业利润，较高的利润也在一定程度上说明企业有较强的偿债能力。 ②将销售商品、提供劳务获得的现金与经营活动获得的现金总额进行比较，可用来表示企业商品销售收入的现金与经营活动获得现金的比率，该比率越大，表明企业的主营业务良好，营销情况较好，流动性较好，偿还债务的能力也较强。 ③将本期经营活动产生的现金流量与上期现金流量做比较，增长率越高，表明企业发展越好。 （2）从投资活动产生的现金流量分析企业偿债能力 企业在扩大生产规模或开发新产品时，需要大量的现金投入以获得更高的经济收益。若企业在投资期间现金的流入小于其流出量，则现金净流量表现为负，企业就不能很好地偿还债务；若产生的是投资收益，就可以用于偿还债务，进而创造更高收益 （3）从筹资活动产生的现金流量分析企业偿债能力 一般情况，企业在建设期间筹集的现金流量越多，企业要承担的偿债风险就越大；如果企业靠吸收股权来增加现金流入量，那么就几乎不会有偿债风险
企业支付能力分析	支付能力分析主要是通过对企业当期取得的现金，特别是经营活动产生的现金收入与各项现金支出来进行比较。企业取得的现金只有在支付经营活动发生的各项支出与本期应偿还的债务后，才能用于投资与发放股利，这体现在现金流量表中“现金及现金等价物净增加额”项目上。如果现金流量表中“现金及现金等价物净增加额”为正数，说明企业本期的现金及现金等价物增加了，企业的支付能力较强，反之则较差，需要警惕财务状况恶化。 但需要注意的是，“现金及现金等价物净增加额”也不是越大越好，若太大，有可能是企业现有的生产能力不能充分吸收现有的资产，使资产过多地停留在盈利能力较低的现金上，会降低企业的盈利能力

7.2.4　所有者权益变动表分析

通过对所有者权益变动表的分析可以了解酒店的以下信息，如图 7-5 所示。

1. 可以清晰地了解酒店所有者权益各个项目的变动情况及规模，可以衡量酒店的净资产实力
2. 可以更全面地反映酒店的财务信息，满足各投资者经济决策的需要
3. 可以反映会计政策变更的合理性
4. 可以反映股东分配政策等财务政策对所有者权益的影响

图 7-5　所有者权益变动表反映的信息

所有者权益变动表的分析可以从规模、构成及主要项目三个方面出发，具体内容见表 7-6。

表 7-6　所有者权益变动表的分析

分析内容	具体介绍
规模	将所有者权益变动表的整体数据变动与各个项目的数据变动进行对比，可以揭示企业当期所有者权益规模变动与各个项目变动的关系，解释企业净资产的变动原因，借以进行相关分析和决策
构成	将所有者权益各子项目变动占所有者权益变动的比重予以计算，并进行分析评价，可以揭示公司当期所有者权益各项目的比重及其变动情况，解释公司净资产构成的变动原因
主要项目	将组成所有者权益变动表的主要项目进行具体剖析，通过对比，分析其变动成因，分析合理合法性及是否有人为操控的迹象等

7.3　酒店财务指标分析

财务指标分析是指总结和评价企业财务状况与经营成果的分析指标。虽然酒店所处行业特殊，但可以通过一些通用的财务指标来分析酒店的经营状况，如偿债能力指标、营运能力指标和盈利能力指标等。通过财务指

标可以更进一步挖掘酒店财务报表数据背后的意义，便于指导酒店财务活动，促进财务报表使用者更好地进行决策。

7.3.1　偿债能力分析

偿债能力是指企业偿还到期债务的能力，包括短期偿债能力和长期偿债能力。偿债能力是企业能否生存和健康发展的关键，衡量企业短期与长期偿债能力的指标主要有以下几项。

1. 短期偿债能力

短期偿债能力是指企业以流动资产偿还流动负债的能力，是衡量企业财务能力，特别是流动资产转换能力的重要标志。常见的财务指标有流动比率、速动比率和现金比率等，具体介绍见表 7-7。

表 7-7　短期偿债能力分析指标

指标	具体介绍
流动比率	流动比率是企业流动资产与流动负债的比率，其计算公式如下所示。 流动比率 = 流动资产 ÷ 流动负债 ×100% 一般情况下，流动比率越高，说明企业短期偿债能力越强。但也不是越高越好，流动比率过高，可能会使企业滞留在流动资产上的资金过多，不能有效加以利用，可能会影响企业的盈利能力。通常情况下，企业的流动比率维持在 2∶1 比较好，但是行业不同，其标准也不同，实际分析时应结合所处行业及本企业的历史流动比率进行分析
速动比率	速动比率是指企业速动资产与流动负债的比率，其计算公式如下所示。 速动比率 = 速动资产 ÷ 流动负债 ×100% 其中，速动资产 = 流动资产 − 存货，或者速动资产 = 流动资产 − 存货 − 预付账款 − 待摊费用。在计算速动比率时，从流动资产中扣除存货，是因为存货在流动资产中转换速度较慢，甚至有些存货可能滞销，无法转换。而预付账款和待摊费用原本就不具有转换能力，只是减少企业未来的现金流出量，理论上也应加以剔除。但实务中，由于它们在流动资产中所占的比重较小，因此在计算速动资产时也可以不扣除。 传统经验认为，速动比率维持在 1∶1 较为正常，表明企业的每 1.00 元流动负债就有 1.00 元易于转换的流动资产来抵偿，使得短期偿债能力有可靠的保证。速动比率过低，会导致企业的短期偿债风险较大；速动比率过高，企业在速动资产上占用资金过多，会增加企业投资的机会成本。实务中，还应结合企业所处的行业进行判断，并没有一个具体的评判标准

续上表

指标	具体介绍
现金比率	现金比率是企业现金类资产与流动负债的比率，其计算公式如下。 现金比率＝现金类资产 ÷ 流动负债 其中，现金类资产包括企业的库存现金、银行存款及现金等价物。该比率越高，也说明企业短期偿债能力越强，但是企业现金比率过高，也会让企业的流动负债不能得到合理运用，增加企业的机会成本

2. 长期偿债能力

长期偿债能力是指企业偿还长期债务的能力，它能反映企业财务状况的稳定程度。常见的衡量指标包括资产负债率、产权比率和利息保障倍数等，具体介绍见表 7-8。

表 7-8　长期偿债能力分析指标

指标	具体介绍
资产负债率	资产负债率是企业负债总额与资产总额的比率，其计算公式如下。 资产负债率＝负债总额 ÷ 资产总额 ×100% 资产负债率的高低对企业的债权人和所有者具有不同的意义。债权人希望负债比率越低越好，此时，其债权的保障程度就越高；对所有者而言，最关心的是投入资本的收益率，举债越多，即负债比率越大，所有者的投资收益可能越大
产权比率	产权比率是指企业负债总额与所有者权益总额的比率，其计算公式如下。 产权比率＝负债总额 ÷ 所有者权益总额 产权比率反映了所有者权益对债权人权益的保障程度，该指标越低，表明企业长期偿债能力越强，债权人权益的保障程度越高
利息保障倍数	利息保障倍数是企业息税前利润与利息费用的比率，是衡量企业偿付负债利息能力的指标，其计算公式如下。 利息保障倍数＝息税前利润 ÷ 利息费用 上述公式中，息税前利润是指不扣除利息和所得税前的利润，其计算公式为，息税前利润＝企业的净利润＋所得税费用＋利息支出；利息费用是指本期发生的全部应付利息，包括流动负债的利息费用、长期负债中计入损益的利息费用及进入固定资产原价中的资本化利息。 利息保障倍数越高，说明企业支付利息费用的能力越强；该比率越低，说明企业难以保证用经营所得来足额支付负债利息。因此，它是衡量企业是否举债及偿债能力强弱的主要指标。一般情况下，利息保障倍数不能低于 1

下面来看一个案例。

实用范例　某酒店偿债能力分析

某酒店 2023 年及 2024 年资产负债表部分数据见表 7-9。

表 7-9　2023 年及 2024 年资产负债表部分数据

项目	2023 年（元）	2024 年（元）
流动资产	650 892.00	625 432.00
流动负债	310 740.00	286 857.00
资产总额	1 185 944.26	1 281 948.00
负债总额	457 640.00	534 628.00

根据表 7–9 的数据可以得出该酒店的以下信息。

2023 年流动比率 =650 892.00 ÷ 310 740.00=2.09

2024 年流动比率 =625 432.00 ÷ 286 857.00=2.18

2023 年资产负债率 =457 640.00 ÷ 1 185 944.26 × 100%=38.39%

2024 年资产负债率 =534 628.00 ÷ 1 281 948.00 × 100%=41.7%

可见，该酒店 2023 年及 2024 年流动比率均大于 2，且 2024 年流动比率与 2023 年相比有所提高，这说明该酒店资产流动性在提高，短期偿债能力在增强；但 2024 年的资产负债率与 2023 年相比有所增大，说明该酒店的长期偿债能力在减弱。

需要注意的是，在分析酒店偿债能力时不能只分析指标，还需要结合酒店实际经营状况和所处行业特点分析偿债能力提高或降低的原因。

7.3.2　营运能力分析

营运能力是指企业营运资产的效率与效益，常用指标主要有应收账款周转率、存货周转率和固定资产周转率等，见表 7-10。

表 7-10　营运能力分析指标

指标	具体介绍
应收账款周转率	应收账款周转率是指企业在一定时期内赊销收入净额与平均应收账款余额之比，它是衡量企业应收账款周转速度及管理效率的指标，其计算公式如下。 应收账款周转率 = 销售收入 ÷ 平均应收账款余额 ×100%
应收账款周转率	平均应收账款余额 =（应收账款余额年初数 + 应收账款余额年末数）÷2 应收账款周转天数 =360÷ 应收账款周转率 应收账款周转率越高，说明其回收速度越快，企业应收账款的管理水平越高；反之，说明应收账款占用了企业过多的资金，会影响企业正常的资金周转及偿债能力。但是在分析企业应收账款周转率是否合理时，还应与同行业的平均水平相比较
存货周转率	存货周转率是企业一定时期内的营业成本与存货平均余额的比率，其计算公式如下。 存货周转率 = 营业成本 ÷ 存货平均余额 存货平均余额 =（存货年初数 + 存货年末数）÷2 存货周转天数 =360÷ 存货周转率 存货周转率越高，表示其周转速度越快，存货积压的风险越小，企业的转换能力和资金使用效率越好
固定资产 周转率	固定资产周转率是指企业年销售收入净额与固定资产平均净值的比率，其计算公式如下。 固定资产周转率 = 营业收入 ÷ 固定资产平均净值 固定资产平均净值 =（期初固定资产净值 + 期末固定资产净值）÷2 固定资产净值 = 固定资产原值 - 累计折旧 固定资产周转速度越快，表明企业充分利用了固定资产，其使用效率高，产生的回报也多；反之，则代表企业对固定资产的营运能力欠佳

下面来看一个案例。

实用范例　**某酒店营运能力分析**

某酒店 2023 年及 2024 年资产负债表与利润表部分数据见表 7-11。

由表 7-11 的数据可以计算出该酒店 2023 年及 2024 年的存货周转率如下。

2023 年存货周转率 =536 044.00÷[（125 384.36+142 645.69）÷2]=4

2024 年存货周转率 =492 534.00÷[（142 645.69+162 768.22）÷2]=3.23

表 7-11　2023 年及 2024 年资产负债表与利润表部分数据

项目	2023 年（元）		2024 年（元）	
存货	年初数	年末数	年初数	年末数
	125 384.36	142 645.69	142 645.69	162 768.22
营业成本	536 044.00		492 534.00	

可见，该酒店 2024 年存货周转率相比 2023 年有所降低，说明该酒店存货周转速度在变慢，2024 年存货相比于 2023 年可能有所积压，企业的营运能力在降低。

对酒店营运能力的分析还可以结合其他指标进行综合分析，便于从多角度发现酒店运营过程中存在的问题。

7.3.3　盈利能力分析

盈利能力是指公司在一定时期内赚取利润的能力，常见指标包括营业利润率、总资产净利率和净资产收益率等，简单介绍见表 7-12。

表 7-12　盈利能力分析指标

指标	具体介绍
营业利润率	营业利润率是企业一定时期营业利润与营业收入的比率，其计算公式如下。 营业利润率 = 营业利润 ÷ 营业收入 ×100% 其中，营业利润数据来自利润表，营业收入包括主营业务收入和其他业务收入。该指标越高，说明企业因商品销售额而产生的营业利润越多，企业的盈利能力越强；反之，说明企业盈利能力越弱
总资产净利率	总资产净利率是企业净利润占平均资产总额的比重，该指标反映企业运用全部资产获取利润的水平，其计算公式如下。 总资产净利率 =(净利润 ÷ 平均资产总额)×100% 平均资产总额 =（期初资产总额 + 期末资产总额）÷2 该指标值越高，表明企业投入产出水平越高，资产运营效率越高。利用该指标可以与酒店历史资料或同行业平均水平进行对比，分析形成差异的原因，同时利用该指标也可以分析酒店经营中存在的问题，加速资金的周转

续上表

指标	具体介绍
净资产收益率	净资产收益率是企业一定时期内净利润与平均净资产的比率，反映所有者权益获取报酬的水平，其计算公式如下。 净资产收益率＝净利润 ÷ 平均净资产 ×100% 平均净资产＝（所有者权益期初数＋所有者权益期末数）÷2 净资产收益率反映了企业自有资金的投资收益水平，该指标越高，表明企业盈利能力越强，对企业投资人、债权人利益的保证程度也越高

下面来看一个案例。

实用范例 某酒店盈利能力分析

某酒店 2023 年及 2024 年资产负债表与利润表部分数据见表 7-13。

表 7-13　2023 年及 2024 年资产负债表与利润表部分数据

项目	2023 年（元）		2024 年（元）	
总资产	年初数	年末数	年初数	年末数
	1 174 964.56	1 390 919.28	1 390 919.28	1 457 990.32
净利润	133 464.00		158 022.37	

由表 7−13 的数据可以计算出该酒店 2023 年及 2024 年总资产净利率如下所示。

2023 年总资产净利率 =133 464.00 ÷ [（1 174 964.56+1 390 919.28）÷ 2] × 100%=10.4%

2024 年总资产净利率 =158 022.37 ÷ [（1 390 919.28+1 457 990.32）÷ 2] × 100%=11.09%

可见，该酒店 2023 年与 2024 年相比，总资产净利率变化不明显，但略有提升，说明该酒店对资产的运营效率有所改善，这有助于提高酒店经营效益和盈利能力。

盈利是酒店的主要目标，对酒店盈利能力的分析还可以结合其他指标进行。通过对盈利能力指标的分析，可以衡量酒店经营业绩及发现酒店经营中存在的问题，并采取相关解决措施以提高酒店收益水平。

需要注意的是，评价酒店偿债能力、营运能力和盈利能力的指标包括但不限于前述这些。虽然财务指标计算过程简单，容易看懂，但是也具有一定的局限性，如分析者能力的不同，对财务报表的认识、解读与判断等各方面都存在差异，对财务指标计算结果的理解也就不同。

因此，在实务中，酒店需要根据自身经营情况采取合适的方式来评价自身的经营状况和经营成果，以更客观地评估经营业绩，及时发现经营中可能存在的问题。